ADAM PILINSKI

ET

SES TRAVAUX

ne pas (handwritten note)

Gravures Dessins Lithographies

ET

REPRODUCTIONS EN FAC-SIMILÉ

PAR UN BIBLIOPHILE

Ouvrage orné d'un portrait
et accompagné de reproductions en fac-similé

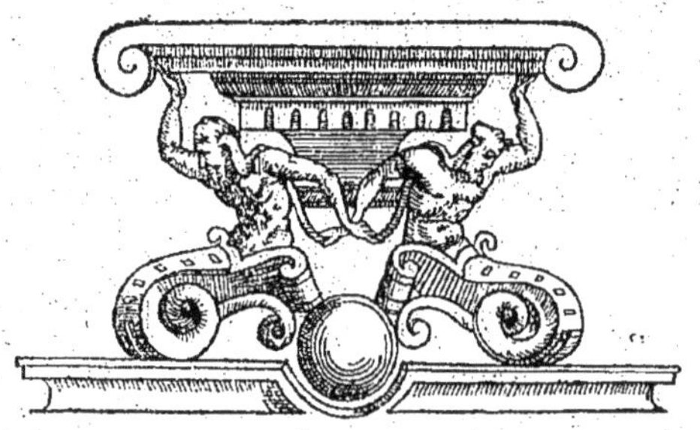

PARIS
LABITTE, ÉM. PAUL & Cie
Libraires de la Bibliothèque Nationale
4 RUE DE LILLE 4

1890

ADAM PILIŃSKI

ET

SES TRAVAUX

Gravures Dessins Lithographies

ET

REPRODUCTIONS EN FAC-SIMILÉ

PAR UN BIBLIOPHILE

Ouvrage orné d'un portrait
et accompagné de reproductions en fac-similé

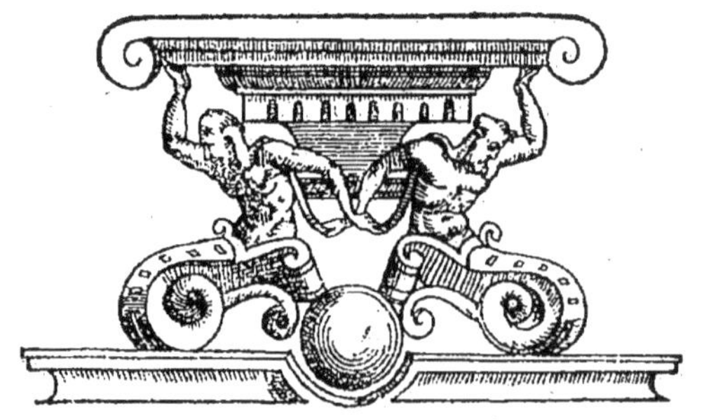

PARIS
LABITTE, ÉM. PAUL & Cie
Libraires de la Bibliothèque Nationale
4 RUE DE LILLE 4

1890

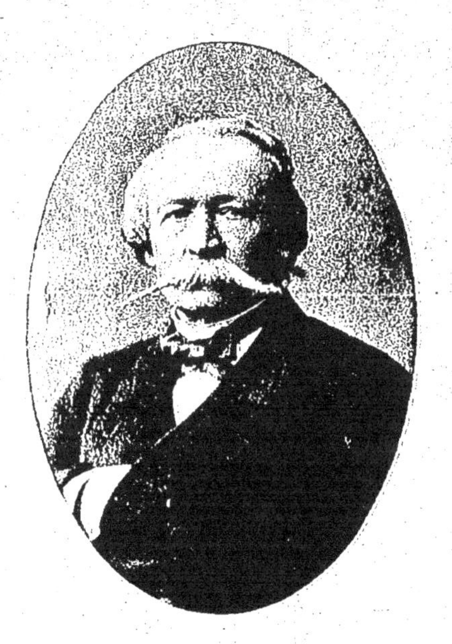

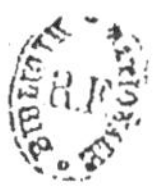

ADAM PILINSKI

1810-1887

ADAM PILINSKI

ET SES TRAVAUX

1810-1887

NOTICE BIOGRAPHIQUE

é en 1810, à Maciejowice, ville du Palatinat de Lublin, en Pologne, Adam Piliński a été élevé et instruit à l'Institut de Puławy, sous la protection de la princesse Isabelle Czartoryska. De bonne heure son aptitude pour le dessin le signala au prince Adam Czartoryski, qui le fit admettre, en 1828, à l'École des Beaux-Arts de Varsovie. Mais dès 1832, à la suite des événements qui accablèrent sa patrie, il dut se réfugier en France (1)*.

Après un court séjour à Marseille, où il apprit la lithographie, il vint à Clermont-Ferrand remplir les fonctions de dessinateur chez un géomètre. Là, grâce à l'intervention du savant M. Lecoq et de M. Brosson, administrateur de l'Établissement thermal de Vichy, il put présenter ses dessins à Son Altesse la princesse Adélaïde, alors en résidence à Randan. Touchée de son ardent désir de se perfectionner et d'étudier la gravure, la princesse lui facilita son voyage et son séjour à Paris.

Il convient, au début de cette étude biographique consacrée à la mémoire d'un artiste de talent, de mentionner un fait très important de son existence et les circonstances qui contribuèrent à sa réalisation : nous voulons parler du ma-

* Pour les endroits portant des indications de numéros, voir à l'appendice.

riage d'Adam Piliński avec une jeune personne originaire de Clermont Ferrand.

Proscrits de leur pays, que la plupart d'entre eux ne devaient plus revoir, les Polonais avaient trouvé à leur arrivée en France le plus chaleureux accueil : les héroïques vétérans des armées de Napoléon considéraient comme leurs propres fils les fils de leurs anciens frères d'armes, les légionnaires polonais ; à tous les foyers on leur faisait place, et ces marques de sympathie, que les cœurs français ont particulièrement témoignées au courage malheureux, touchaient jusqu'au plus profond du cœur ces exilés arrachés à leur patrie, à leur famille, à leurs affections, et que rongeait le plus sombre désespoir.

Un officier retraité, habitant Clermont-Ferrand et qui occupait un emploi de chef de bureau à la Préfecture du Puy de Dôme, M. Louis Bernard Michel, avait remarqué, parmi les réfugiés polonais résidant dans cette ville, Adam Piliński que recommandait si bien sa conduite honnête et laborieuse ; il l'aida de son influence, de ses relations, et l'accueillit fréquemment dans sa famille.

La destinée, qui avait amené Piliński à demander à la France une nouvelle patrie, devait encore le favoriser d'une manière tout exceptionnelle en lui faisant rencontrer en la personne de la fille aînée de M. Louis Bernard Michel, Mlle Agnès Clémence, le bonheur de toute sa vie. Le 11 juillet 1836, il épousa celle qui devait lui donner une famille, partager jusqu'à sa vieillese ses luttes, ses joies, ses peines, et qui, pour sa plus profonde et inoubliable douleur et pour celle de leurs enfants, devait le précéder de trois ans dans la tombe.

Peu après son mariage, ses travaux l'appelèrent à Paris ; puis à Versailles, où, sous les auspices de la princesse Adélaïde, il venait d'être admis, par MM. Fontaine et Gavard, à titre de graveur au Musée.

Ses travaux de gravure terminés, Ad. Piliński revint à Clermont. Il y créa, en 1844, une lithographie artistique et commerciale. Ce fut alors qu'il eut l'idée d'orner de copies des œuvres anciennes les couvertures des cahiers destinés aux études classiques. Il lui fallait pour cela un procédé spécial de réimpression, et il tenta différents essais. Mais le milieu où il se trouvait n'était pas assez étendu pour la réalisation de ses projets et pour l'expansion de ses travaux. En 1853, il retournait à Paris.

Il ne tarda pas à entrer en rapports avec le célèbre relieur Capé, et mit à sa disposition son talent à compléter les livres incomplets que lui confiaient ses clients. Monseigneur le Duc d'Aumale et M. Ambroise Firmin Didot furent des premiers à témoigner à M. Capé leur entière satisfaction.

Techener père estimait que la perfection du procédé Piliński était telle que, désormais, il ne dédaignerait pas d'acquérir des volumes incomplets.

Le grand bibliophile A. F. Didot n'hésitait pas à faire détacher de ses livres reliés les feuillets blancs destinés à indiquer les feuillets manquants, et leur substituait les reproductions de Piliński, exprimant son regret de ne pas l'avoir connu plus tôt. Ce fut pour lui que, parmi de nombreux ouvrages, Piliński reproduisit en entier le *Credo de Joinville* et, pour sa publication sur Jean Cousin, presque toutes les planches, marques et initiales ; il refit également pour lui le titre de la *Chronique de St-Denis*, titre disparu depuis longtemps, qu'il dut reconstituer en faisant appel à sa science et à son savoir-faire dans l'art des maîtres calligraphes et enlumineurs.

Pour la *Gazette des beaux arts* et pour M. Galichon, Piliński exécuta de nombreuses reproductions de dessins, d'initiales, de fleurons, par exemple des études de chevaux de Léonard de Vinci, des encadrements de Geoffroy Tory et de l'École Italienne, les planches du *Songe de Polyphile*, les sujets de la *Danse des morts* d'Holbein, des gravures d'Albert Durer, nommément la *Décollation de St-Jean* que M. Didot prit pour un original.

Pour M. Sylvestre, il reproduisit les marques des anciens libraires et imprimeurs, les titres de leurs principaux livres; pour le *Manuel de l'Amateur d'estampes* de M. Eugène Dutuit, les plus rares et les plus curieuses planches xylographiques. M. Merlin lui demanda, pour illustrer son travail sur les cartes à jouer, les fac-similés des plus anciens spécimens.

MM. Valet de Viriville et A. de Montaiglon, professeurs à l'École des Chartes, lui confièrent la reproduction des chartes destinées aux études. Il en reproduisit un très grand nombre, et la réussite complète de ces travaux lui fournit fréquemment l'occasion de fac-similer des chartes pour des archives et des sociétés d'antiquaires.

Des amateurs, M.M. Lessoufaché, Guiffrey, Bancel, baron Sellière, Double, Jomard, Le Roux de Lincy, Vatel, Niel, Villot, Royer, baron Pichon, comte de Reiset, Eugène

Piot, Gancia, Prosper Blanchemain, comte Delaborde, Boucher de Molandon, Bordier, Chantelauze, prince Ladislas Czartoryski, comte Jean Działyński, Gustave. Pawłowski, Harrisse, Gibson Craig, Tuffton; les libraires, imprimeurs ou éditeurs, Tross, Aubry, Asher, Potier, Claudin, Bachelin Deflorenne, Labitte, Dumoulin, Porquet, Lemerre, Maisonneuve, Dufossé, A. Lévy, Schwabe, Albert Cohn, Fontaine, Morgan et Fatou, eurent aussi recours au talent d'Adam Piliński.

Il reproduisit : les Ducerceau; les illustrations du Savonarole de M. Gustave Gruyer ; les sujets et les initiales du Clément Marot de M. Georges Guiffrey, ceux de ses publications sur le procès criminel de Jehan de Poytiers et les lettres inédites de Dianne de Poytiers ; les cartes de l'important ouvrage de M. Grandidier sur Madagascar, celles de Champlain sur la Nouvelle France pour les éditeurs Maisonneuve et Dufossé ; pour la librairie Tross, une mappemonde *Universalis cosmographiæ* de 1514, qui est la première carte où ait été représentée la partie connue du Nouveau Monde ; pour la même librairie, les planches du *Voyage en Terre Sainte* de Brœdenbach, édition de 1488, représentant Venise, Jérusalem, Corfou, Modon, et qui sont les premières gravures en taille-douce imprimées à Lyon ; les planches d'un Cuauhamacatl (2) pour l'Institut des sourds-muets ; un fragment important du planisphère d'Alberto Cantino de 1502, dont l'original appartient à la Bibliothèque de Modène ; pour l'ouvrage de M. Henry Harrisse, *Les Corte-Real et leurs voyages au Nouveau Monde ;* pour M. Ruggieri, les planches, gravées sur cuivre, de Nicolas Hogenberg et d'Engelbert Brunning, représentant les funérailles de Charles-Quint, à Bruxelles, présidées par Philippe II, l'ordre et la marche du cortège se rendant à l'Église Ste Gudule ; les bois de Rubens l'*Hercule Terrassant l'Hydre* et *La Fuite en Égypte ;* le Christ en camaïeu d'Hans Baldung Grun ; plusieurs plaquettes rares, telles que : *La pronostication de Maître Albert songe-creux Biscaien*, *Le Giroflier aux dames*, *La Marguerite des Marguerites*, *L'exclamation des os St. Innocent*, *La Dance des Aveugles ;* les lettres de Christophe Colomb ; le traité sur la perspective de Viator ; un grand nombre de feuillets, gravures et titres, des livres d'heures ou romans de chevalerie, éditions de Collard Mansion, Pigouchet, Vérard, Thielman-Kerver, Simon Vostre, Geoffroy Tory; puis d'autres : du *Roman de la rose* de l'*Amadis des Gaules*, du *Cid campeador*, des *Gestes Romaines*, du *Rosier ou Epithome Hystoryal*, du curieux ouvrage de vénerie : *Phebus des deduiz de la chasse des bestes sauvaiges et des oiseaux de proye ;* de celui de Jacques du Fouilloux ; des Homélies de Saint Avit et des sermons de Saint Augustin, sur papyrus ; des fragments de la Bible palimpseste de la Bibliothèque Nationale, etc. etc. Il restaura deux des rares exemplaires de la Bible de Guttenberg dite *Bible Mazarine* et reproduisit leurs feuillets manquants. Il exécuta les fac-similés d'un grand nombre d'autographes, parmi lesquels nous citerons : les pièces relatives au procès de Charlotte Corday, les lettres de Marie Antoinette, celles de Louis XVI, entre autres son testament, et surtout une pièce d'une grande importance historique, dont il a reconstitué le texte qui, tracé à l'aide d'une épingle par Marie Antoinette, était demeuré jusqu'à présent indéchiffrable ; les fac-similés pour le journal *L'Autographe* de M. Bourdin ; ceux de plusieurs fragments de la partition autographe de l'opéra *Alceste* de Gluck pour une publication de Mlle. F. Pelletan ; enfin ceux de l'Album musical que le journal *Le Gaulois* offrait en prime à ses abonnés en 1866.

Ainsi, dessins, fleurons, titres nobiliaires, initiales, arabesques, gravures d'ornements, de meubles et de grandes compositions, plaquettes, autographes, cartes, textes, planches xylographiques, toutes espèces de reproductions furent exécutées avec succès par Adam Piliński. Cette facilité à tout reproduire avec une égale fidélité le fit accueillir chez tous les amateurs d'estampes et dans toutes les grandes bibliothèques, et chacun facilita ses recherches. MM. Léopold Delisle, Ferdinand Denis, Thierry, Delaborde, Duplessis, Michelant, Cortambert, Jules Cousin, Lorédan Larchey, Édouard Thierry, Paul Lacroix, Muller, Daremberg, Berrier, Cocheris, Franklin, Henri Trianon, mirent leurs collections à sa disposition; et ces sentiments de sympathie ; si légitimement acquis, se fortifiaient aux relations qu'il entretenait grâce à sa vie laborieuse et à son caractère d'homme et d'artiste.

Nous devons parler plus particulièrement d'une illustre et très regrettée personnalité, le comte Jean Działyński, ce protecteur des artistes et des savants de son pays, qui, si les circonstances l'eussent permis, eût été le promoteur d'un grand mouvement intellectuel dans sa patrie. Pendant plusieurs années, il a chargé son compatriote de la reproduction d'ouvrages entiers, manuscrits, imprimés ou gravés, ouvrages d'un puissant intérêt pour la Pologne. Il faut citer : les *Statuts de Wisliça*, les *Lois et Coutumes de Mazovie*, le *Psautier de la reine Hedwige*, l'*Apocalypse de St-Jean*, d'après l'édition du *Prince des littérateurs polonais*, Nicolas Rey, les *Lois et coutumes de Pologne* au temps de Sigismond Auguste, la *Science de la guerre* de l'Hetman Tarnowski, l'*Arbre généalogique des Tarnowski*, etc., etc.

La renommée et les récompenses ne pouvaient manquer à un labeur si consciencieux, si artistique, si étendu.

En 1863, à l'Exposition industrielle et artistique de Clermont-Ferrand, une médaille d'argent; en 1878, à l'Exposition Universelle de Paris, une médaille de bronze; enfin, en 1880, à l'Exposition du centre de la France, à Clermont-Ferrand, une médaille d'argent, ont rendu à Adam Piliński l'hommage qui lui était dû.

Depuis quelques années il était Membre correspondant, section des beaux-arts, de l'Académie de Clermont-Ferrand.

L'importante et curieuse publication des xylographes anciens *, si précieuse pour l'histoire de la gravure et de l'imprimerie, a été l'objet de ses derniers travaux. La rareté et, par conséquent, la valeur vénale de ces monuments de l'art primitif de la gravure sur bois, les tiennent hors de la portée des travailleurs et des amateurs. Piliński fut frappé de cette disette le jour où M. Valet de Viriville lui fit reproduire les *Neuf Preux* de 1450 et les fragments de la mairie de Metz. Dès lors, il résolut d'y pourvoir, et son but a été atteint puisque, depuis un certain temps déjà, l'édition des huit xylographes si célèbres, l'*Oraison Dominicale*, le *Cantica Canticorum*, l'*Ars Moriendi*, l'*Ars Memorandi*, l'*Apocalypse de St-Jean*, la *Bible des Pauvres*, les *Neuf Preux*, la *Danse Macabre*, est livrée au public. Il faut y joindre l'intéressante publication des *Cris de Paris* au XVIe siècle, reproduits avec leur coloriage d'après l'unique exemplaire connu appartenant à la Bibliothèque de l'Arsenal.

Si nous avons cité déjà, au courant de cette notice, un certain nombre des travaux exécutés par A. Piliński, nous sommes loin d'en avoir épuisé la liste.

Nous allons maintenant tenter de parfaire cette énumération, ayant soin, pour plus de clarté et aussi pour une plus juste appréciation, de mettre à part les travaux relatifs à la Pologne **.

* Paris, librairie Labitte, Ém. Paul et Cie, 4, rue de Lille.

** Voir l'article nécrologique sur Adam Piliński, membre correspondant de l'Académie de Clermont-Ferrand, décédé le 23 janvier 1887. Cet article, paru dans le Bulletin Historique et Scientifique de l'Auvergne, en janvier 1887, est de M. Élie Jaloustre.

I

TRAVAUX INTÉRESSANT L'AUVERGNE

Gravures sur cuivre ou sur acier.

Vue du Château de Randan. — Planche XI : Vue de Chanteuge; pl. XIV : Portes de la chapelle de St-Nectaire à Chanteuge; pl. XV : Ste-Marie des Chazes (Voir l'atlas de M. Émile Thibaud accompagnant l'ouvrage intitulé : *L'Auvergne au Moyen-Age et les monastères ; Histoire des Ordres monastiques en Auvergne*. Par M. Dominique Branche. Paris. Librairie archéologique de Victor Didron, 1842).

Une séance des grandes assises pendant les Grands Jours d'Auvergne, d'après une estampe de 1665 conservée à la Bibliothèque Royale. — Séries d'armoiries, de blasons, etc. Ces travaux ont été exécutés pour les publications de M. Émile Thibaud.

En outre, A. Piliński avait gravé sur acier un certain nombre de dessins destinés à une publication qu'il projetait, ainsi : La grande rue de Montferrand; Vue du château de Thiers, place du marché; Vue de Pontgibaud; Chute d'une cascade près de Vic-le-Comte ; Vue du Pont-du-Château (Cette dernière est la réduction lithographique à la plume d'un dessin qui devait être gravé sur acier.)

TRAVAUX LITHOGRAPHIQUES EXÉCUTÉS A CLERMONT-FERRAND.

Dessins à la plume.

Planche 2: Monuments gaulois ; pl, 6: Monnaies gauloises; pl. 7: Objets gaulois ; pl. 28 : Tombeau de Gille Aycelin de Montaigut, à Billom, et fontaine de la place Delille à Clermont; pl. 31 : Croix du Moyen-Age ; pl. 33 : Boiserie de l'Église d'Augerolles ; pl. 34 : Armes et objets divers. (Voir la statistique monumentale du département du Puy-de-Dôme, par J.-B. Bouillet. Clermont-Ferrand. 1846).

Dessins au crayon.

Vues : de l'hôtel de la Paix, descente des Petits arbres ; de l'hôtel de la Poste ; de l'hôtel de l'Europe ; de l'hôtel des Messageries (place de Jaude).

Vues : de l'Établissement thermal de Royat ; du château de Sellamines ; de Châtelguyon ; du château de Bourbon-Busset, cette dernière pour un titre de musique, ainsi qu'une autre représentant les montagnes vues de Clermont à vol d'oiseau, etc.

Gravures.

Plan de la maison de Blaise Pascal, pour servir aux recherches sur cette maison, par M. Gonod ; Plan de la ville d'Issoire ; Vue de l'hôtel de la Paix, de la place de Jaude, des montagnes, et en regard un plan de la ville de Clermont, etc.

Notons, comme son chef d'œuvre en gravure sur pierre, la carte d'adresse qu'il exécuta pour l'imprimerie lithographique Escot-Berthier, lors de son association avec cette maison. Dans ce genre de travail où il était passé maître, Piliński montra de plus les qualités d'un initiateur ; car, grâce à son expérience de la gravure sur métal, il sut rapidement s'assimiler cet art nouveau de la gravure sur pierre au diamant, en découvrir, on pourrait le dire, les ressources inconnues et en tirer le parti le plus artistique.

Reproductions en fac-similé.

Chartes et manuscrits.

Bulle du pape Urbain II, par laquelle il ratifie et confirme les privilèges et immunités de l'Église d'Auvergne, de l'évêque et de ses successeurs. Donné à Latran le XIIII des Kalendes de mai (18 avril) indiction V, l'an de l'incarnation de notre Seigneur MXCVII (1097). Cette bulle en latin, sur une peau de parchemin bien conservée, de 0m34 de largeur sur 0m50 de hauteur, est un beau type de paléographie romaine du onzième siècle (Voir le tome vingt-septième des *Annales scientifiques, littéraires et industrielles de l'Auvergne*, janvier et février 1854, où se trouve un autre fac-similé de cette charte avec sa traduction et son explication par M. Michel Cohendy, archiviste du Département du Puy-de-Dôme).

Donation faite en février 962 (963 N.S.) par Étienne d'Auvergne, évêque de Clermont, à Robert abbé et au Chapitre de Brioude fondé par St. Julien, du lieu de *Liziniacum*, avec toutes dîmes et dépendances pour l'entretien de douze chanoines. Cette charte mesure 0m 56 de largeur sur 0m 48 de hauteur. L'original sur parchemin, en état de parfaite conservation, appartient à M. Paul Leblanc de Brioude.

Ces deux fac-similés ont été exécutés pour l'École des Chartes.

Fragment d'un manuscrit latin du onzième siècle, contenant le récit d'une vision du saint moine Robert. En regard du texte, dont nous donnons la traduction, est représentée la Sainte-Vierge assise, ayant sur ses genoux l'enfant Jésus, qui tient dans sa main gauche une croix, dont la tige est allongée comme celle d'une crosse : « Au nom de la Très-Sainte et Indivisible Trinité, ici commence la vision d'un religieux, le moine Robert, qui, dit-on, eut lieu le XVI des Kalendes de septembre en la basilique de la Vierge Marie, sise en Auvergne, publiée par le diacre Barnaud. Mes frères, je rapporte, un fait miraculeux pour ceux qui l'écoutent et que j'ai appris, c'est-à-dire la vision nocturne qu'eut jadis le vénérable abbé Robert de Mauriac. Alors que le très excellent Étienne Cros était chargé des affaires de l'Auvergne, il lui arriva, en serrant soigneusement ses saintes reliques... ». Ce fragment a probablement trait à cette légende rapportée par Fournols, qui assura que la crosse d'ivoire de cet abbé lui avait été apportée, dans sa chapelle, par la Sainte Vierge elle même, la nuit qui précéda sa fête de l'Assomption, tandis que le saint priait au pied de son autel. (Voir le chapitre III de l'ouvrage de M. Dominique Branche : *L'Auvergne au Moyen Age et les Monastères; Histoire des Ordres monastiques en Auvergne*, entièrement consacré à l'histoire de Robert d'Aurillac, issu d'une noble et illustre famille d'Auvergne, qui se fit moine et fonda la célèbre abbaye de la Chaise-Dieu en 1043.)

Autre fragment d'un manuscrit de la même époque, avec grande initiale historiée commençant le mot «Igitur». C'est une recette pour préparer une boisson à l'usage des moissonneurs, où il est dit que le médecin Orosius donne à cette décoction le nom de *Celix**.

Deux lettres concernant la ville de Riom. L'une signée *Jehanne*, adressée *A mes chers et bons amis les gens Deglise Bourgois et habitants de la ville de Riom ;* l'autre, du *Sire Delebret, comte de Dreux et de Gaure, Lieutenant du pays de Berry pour Mgr. le Roy sur le fait de la guerre*, signée, *Charles*, adressée *A nos tres chers et grands amis les gens*

* *Celia* (mot espagnol), espèce de bière d'Espagne. Pline, 22, 25... (*Grand dictionnaire de la langue latine*, par Freund, traduit par N. Theil).

Deglise, Bourgois et habitants de la ville de Riom. Ces lettres écrites à *Molins* (Moulins), toutes deux le neuvième jour de novembre 1429, et annonçant la prise d'assaut, par les troupes du roi, de la ville de St. Pierre-le-Moustier, ont trait à des demandes de secours en nature, tels que : poudre, salpêtre, canons, traits, arbalestres et habillements de guerre ; pour aller *prestement* mettre le siège devant la ville de La Charité.

Ces deux importants documents, faisant partie des archives de l'Hôtel de ville de Riom, ont été découverts par M. Tailhand qui les a communiqués à l'Académie de Clermont, alors qu'il en était Président. (Renseignements dus à M. Michel Cohendy).

Autre manuscrit, concernant aussi des demandes de secours, adressées par Jehanne et le sire Delebret aux gens d'église et habitants de Clermont. Cette pièce commence ainsi :

« Cest le papier des memoires et diligences de la ville de Clermont appelle le papier du chien* fait et ordonne par Loys Chauchat Guill[au]me Boudet, Guill[au]me Vidal et Jean Daumas Esleus sur le gouvernement de la dite ville le XIII[e] jour du moi de May, Lan Mil quatre cens et dix. » — « Memoire soit que la pucela Jehanna et messaige de Dieu et mons Delebret envoyerent à la ville de Clermont le XII[e] jour de novembre lan mil quatre cens et vint neuf leurs livres faisant mention que la ville leur voulssit aider de poudre de canon et de trait et dartillerie pour le siege de la Charité. Et fust ordonne pour messrs deglise esleus et habitants de ladite ville de leur envoyer les chauses qui senssuivent lesquelles leur furent envoyees par Jehan Merlle fourier de Monsr le Dauphin come appert par sa quittance laquelle est en cest papier Et promierement deux quintaux de saupetre ung quintal seuphre deux quaysses contenant ung melher de trait (deux caisses contenant un millier de traits) et pour la personne de ladite Jehanne une espee deux dagues et une apche darmes. Et fut escript à messire Robert Andrieu qui etait devers la dite Jehanne quil presentat lesdits arnoys à la dite Jehanne et au seigneur Delebret... »

Les deux lettres qui précèdent et les demandes de secours ont été fac-similées pour l'*Histoire de Jeanne d'Arc* par M. H. Wallon. — Paris, librairie A. F. Didot, 1876.

* Ainsi nommé, parce qu'il faisait partie d'un registre recouvert d'une peau de chien. Ce registre est conservé à la Bibliothèque de Clermont-Ferrand.

Vues et costumes en chromo d'après l'*Armorial de l'Auvergne, du Forez et du Bourbonnais*, de Guillaume de Revel (1450) (Bibliothèque nationale).

Generale description du Pais et Duche de Bourbonnais contenant l'assiette estendue et mesures dicelluy, etc. Le tout faict et observe de lieu en lieu soub l'expres comandement de Tres haut, Tres victorieux, et Tres Xpien (chrétien) *Roy Charles IX*e *du nom. Et de Tres Haulte et Tres Vertueuse Royne Catherine de Medicis sa Tres Honoree Dame et Mere* (*1569*). *Par Nicolas de Nicolay Daulphinois Sr. d'Arseville vallet de chambre et geographe ordinaire du Roy.* — Titre orné, en couleurs, tiré en chromo, et suivi d'une page d'un manuscrit du seizième siècle où il est question des eaux de Vichy. En tête de ce titre sont les armes de France avec la devise latine de Charles IX, *Pietate et justicia* (par la vertu et la justice) sur banderolle, accompagnées des armes du Bourbonnais et de celles des Médicis. — Extrait : « En la ville et fauxbourgs de Vichy comme j'ai dict se trouvent plusieurs sources et fontaines chaudes et entre autres près le Moustier prieure annexe à Labaie Sainct Alire de Clermont et Esglise paroissiale du dict Vichy y a deux beaux baings chaulx provenant des dictes sources dont la princippal est un puys incessamment bouillonnant... » Au bas de la page est un dessin avec ce titre : *Pourtraict des dicts baings*. L'original, volume in-folio, appartient à la Bibliothèque Mazarine.

En exécutant ces fac-similés de manuscrits, après la publication de son dessin lithographique de la vue de Chatelguyon, A. Piliński donnait suite à son projet, qui était de rechercher d'anciens et curieux documents concernant les sources d'eaux vives les plus connues de l'Auvergne, et de faire, de leurs fac-similés réunis, l'objet d'une publication spéciale.

Fragment d'un autographe de Blaise Pascal, faisant partie du registre, grand in-folio, de la Bibliothèque nationale (section des manuscrits), portant ce titre : *Original des Pensées de Pascal, 1711.* — En regard de ce fragment est écrite, mais d'une autre main, cette indication : *Les combinaisons des miracles*. Ce fac-similé a été exécuté pour une publication de M. Molinier, de la Bibliothèque nationale. Comme tous les manuscrits de Pascal, celui-ci est presque illisible ; c'est à peine si l'on distingue, parmi les premiers mots, ceux-ci : *L'Ecriture est pourvue de passages pour consoler toutes les conditions*, et, parmi les derniers, au bas : *J'abaisse mon orgueil et ressens mon imperfection.* Il nous a paru intéressant de citer la lettre suivante, insérée dans le même volume, et qui, adressée par un personnage à un abbé nommé des Huluay, a trait à l'envoi de quelques autographes :

« *Ce 31 janvier 1777.*

« Voilà, mon cher abbé, ce que j'ay de l'Ecriture de M. Pascal. Il en existe beaucoup dans la Bibliothèque des PP. de l'Oratoire de Clermont. Le P. Guerrier m'a dit en 1764 qu'il y avait dans cette bibliothèque, tant imprimé que manuscrit, tout ce qui étoit sorti de la plume de M. Pascal, même beaucoup de papiers fort inutiles et presque indéchiffrables. Mlle Perrier possédoit tout cela avant que les PP. de L'Oratoire n'en devinssent propriétaires. Le P. Guerrier m'a dit qu'il avait soigneusement examiné tous ces papiers et que par l'habitude qu'il avait acquise il s'étoit tellement familiarisé avec la mauvaise écriture de M. Pascal qu'il étoit venu à bout de tout lire. Il a copié tout ce qui lui a paru intéressant, et il m'a communiqué quelques-uns de ces manuscrits, un entre autres (car je crois qu'il y en avait plusieurs) d'après lequel j'ai copié cet écrit singulier de M. Pascal avec le détail qui le suit. Comme M. Guerrier de Besance m[tre] des Requestes et neveu du P. Guerrier a hérité de son oncle, ce M. peut être possesseur de ces manuscrits. Ne me perdez pas, je vous prie, aucune des pièces cy jointes. Elles me sont très précieuses.

« Je vous embrasse ainsi que ces Messieurs.

« VALE, L'.

« A. M, L'Abbé des Huluay. »

Cette lettre ne porte d'autre signature que cette majuscule : L'.

Divers.

Cartes descriptives : *Ville et cité de Clermont-Ferrand; Pays d'Auvergne* ou carte sphérique de la Limagne. D'après deux estampes de 1574, d'Édouard Bredin, qui en donnent la représentation géométrique et font partie de la *Cosmographie Universelle de Belle-Forest.* In-folio. Paris, chez Michel Sonnius, rue St-Jacques, à l'Escu de Basle M.D.L.XXV (1575). — Dans le *Dialogo pio et speculativo, con diverse sentenze latine et volgari,* In Lione, Guglielmo Roviglio, 1560, in-4o, publié par Gabriel Simeoni et qui contient dans le texte 58 gravures sur bois du Petit Bernard, se trouve aussi une grande carte de la Limagne. (Catalogue de livres rares et précieux de la librairie Tross. Année 1886, no V).

La fontana di Roiag in Overnia (La fontaine de Royat en Auvergne). D'après la planche originale, probablement gravée par le Petit Bernard, qui accompagne la *Topographia ad unguem expressa mirandi sub rubiaco Arvernorum fontis* (Description très exacte de la fontaine des Arvernes et de sa surprenante couleur rouge). Par Gabriel Simeoni. Planche et texte, petit in-8o de 1558, cités par M. Émile Thibaud dans son *Guide en Auvergne*, p. 201. Le dessin de la planche à laquelle on pourrait donner le sous-titre de : *Charles IX visitant la grotte de Royat*, est ainsi disposé : au-dessus de rochers et de feuillages s'élève Royat dans l'éloignement; au premier plan, où se trouve représentée la grotte d'où jaillissent des filets d'eau qui s'épandent de toutes parts, se tiennent deux personnages : l'un, rappelant la physionomie de Charles IX, paraît être ce roi lui-même; l'autre, le bras levé, lui montre un troisième personnage qui n'est autre que Simeoni, lequel, assis sur une roche, grave sur la lave, au-dessus de l'entrée de la grotte, l'inscription « *Deo magno æterno et blande scaturientib, Rubiacis nymphis suiq. nominis memoriæ perenni. Gabriel Simeonus flor*, ΕΥΔΟΚΙΑΣ (*Eudokias*) *I.S.P.P.C.* » (Au Dieu grand, éternel, aux douces sources abondantes et rouges (ferrugineuses), et à la perpétuelle mémoire de son nom. Gabriel Simeoni florentin). — A la suite de cette inscription qui existe encore, bien conservée, à l'endroit indiqué, l'ingénieur à inscrit en lettres grecques sa devise : *Eudokias* (de bonne volonté) et les initiales I.S.P.P.C., avec ses armes, trois étoiles au-dessus d'un croissant montant. — Le style allégorique de cette planche, gravée à l'époque où fut terminé l'aqueduc de 2,876 mètres conduisant les eaux de Royat à Clermont, donnerait à supposer que le roi Charles IX est venu porter en personne le tribut de son admiration à ce travail, entrepris d'après les devis et les indications de l'ingénieur florentin Simeoni, et dont l'exécution, compliquée du percement d'énormes couches de roches basaltiques, pierres volcaniques vitrifiées d'un bleu noirâtre extrêment dures, n'avait pas demandé moins de quarante trois ans, de 1515 à 1558.

La fontana di Roiag in Overnia vient à la suite, dans un même volume, de *La Métamorphose d'Ovide figurée*, ouvrage italien, imprimé à Lyon par Jean de Tournes en 1557.

Dans cette édition, comme dans celles des de Tournes de cette époque, les planches et leurs encadrements sont attribués à Bernard Salomon, peintre et graveur sur bois, connu sous le nom de *Petit Bernard*, élève de Jean Cousin (Voir l'Étude sur Jean Cousin par M. Ambroise Firmin Didot, p. 171 et 126. — Paris. Librairie A. F. Didot 1872). A. Piliński a reproduit le titre de cette édition avec la plupart des encadrements; il y a ajouté le portrait de Gabriel Simeoni, d'après une gravure qui se trouve dans l'ouvrage *I Mondi* (Les Mondes, de Doni). *Mondo imaginato del l'Academia peregrina*, imprimé à Venise en 1552 par François Marcolini.

Fac-similé, pour le journal *L'Autographe*, d'un croquis à la plume de Louis Devedeux, d'après son tableau exposé au Salon de 1864 et représentant *Bonaparte, général en chef de l'expédition d'Égypte, traversant le désert pour se rendre en Syrie* (3).

Dessins a l'encre de chine avec miniatures.

A. Piliński composa un certain nombre de dessins à l'encre de Chine, avec miniatures, tels que titres d'album, frontispices, dédicaces, etc. Nous n'en citerons qu'un des plus remarquables, c'est celui qu'il exécuta, vers 1853, pour l'article nécrologique du colonel de cuirassiers Feuillade. Au milieu d'ornements et d'arabesques, qui les entourent, ressortent, très finement dessinés, deux cartouches représentant les batailles d'Essling et de la Mokcowa, où le colonel s'était particulièrement distingué.

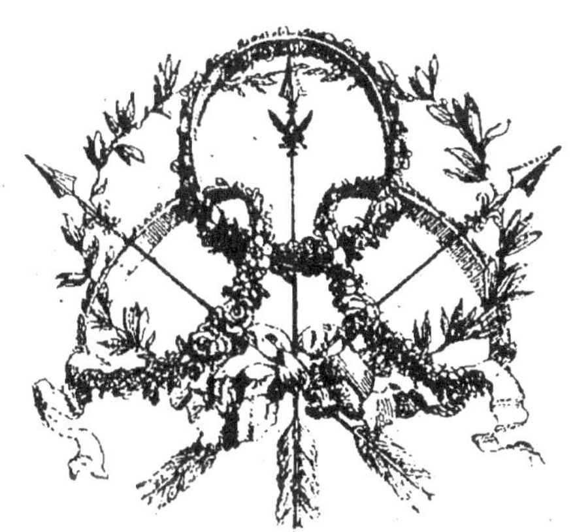

II

TRAVAUX CONCERNANT LA POLOGNE.

Gravures sur acier.

Publications de Léonard Chodźko :

La Pologne historique, Littéraire, Monumentale, Pittoresque et Illustrée. (Paris 1835-1841) ;

Napoléon visitant, en 1807, la maison où naquit Kopernik, à Thorn en 1473 ;

La maison de Kopernik, à Frauenbourg, où il mourut en 1543 ;

Obélisque monumental élevé près de Schwechat, non loin de Vienne, en mémoire de l'entrevue du roi Jean III Sobieski avec l'empereur Léopold Ier, après la délivrance de Vienne, le 13 septembre 1683 ;

Le drapeau Ottoman conquis par Sobieski lors de la délivrance de Vienne, envoyé à Rome, déposé aux pieds du pape Innocent XI, le 29 septembre 1683, puis appendu dans la basilique de St-Pierre, au Vatican ;

Vues de Varsovie : Église Évangélique terminée en 1781 ; Grand Théâtre National, terminé en 1832 ; Faubourg de Praga ; Église des Bernardins ;

Élections des rois de Pologne à Wola, près de Varsovie ;

Vue de Malborg (Marienbourg), construit par les chevaliers teutoniques en 1288 ;

Vues de Balicé, Bielany, Riga ; château de Lançut ; hôtel de ville de Tarnów ; villa Zarzeczé ; mines de sel de Wieliczka, en Galicie ; château de Lipowiec, aux environs de Cracovie ; château de Królewiec (Kœnigsberg) ; intérieur du pavillon de chasse d'Antonin (palais Radziwill) dans la Grande Pologne ; Lublin, dans la Petite Pologne ; portraits de Thadée Czacki et de Stefan Czarniecki.

Joignons à ces travaux une vue du temple de la Sibylle de Puławy pour un titre de musique, et une aquarelle sépia représentant Parchatka et ses collines près de la Vistule.

Reproductions en fac-similé.

Manuscrits.

Działo się na posiedzeniu połączonych izb sejmowych dnia 25 Stycznia 1831. r. w. Warszawie. To jest Akt sejmowy detronizacyi zapadly na posiedzeniu izb polączonych (Acte des diètes réunies en séance le 25 janvier 1831 à Varsovie, pour proclamer la déchéance du tzar Nicolas Ier et son détrônement comme roi de Pologne). A la suite de ce document viennent les signatures des députés polonais.

Tadeusz Kosciuszko Najwyzszy Naczelnik sily zbroyney Narodowej (Thadée Kosciuszko, très haut généralissime des forces armées de la nation). En tête d'une autorisation, donnée par Thadée Kosciuszko au zélé patriote Czupierzyński, de lever des troupes, et l'accréditant dans ce but auprès des volontaires, auxquels il recommande de se joindre à lui. Cette autorisation, délivrée au camp de Lipowiec, dans le palatinat de Cracovie et près de cette ville, est datée du 12 juin 1794. En regard de la signature est apposé le sceau du commandement, portant sur l'exergue ces mots: *Pieczęć Naczelnika sily zbroyney Narodowej* (Sceau du généralissime des forces armées nationales), et sur la face : *Wolność, Całość i Niepodległość* (Liberté, Intégralité du territoire et Indépendance). L'original a fait partie de la collection de Léonard Chodźko.

Lettre ou *circulaire* de Simon Konarski, datée de Paris, 15 décembre 1834, sur la prochaine publication de la revue périodique, *Pólnoć* (Le Nord), intéressant une partie des peuples du nord-est de l'Europe et traitant des sujets suivants : Coup d'œil sur l'état actuel de l'Europe ; Destinée de l'émigration polonaise ; Religion ; Bourgeois en Pologne et en Russie ; Propriété ; Conspirations ; Forces de la révolution ; Guerre nationale ; Faux point de vue sous lequel on a jusqu'à présent considéré la noblesse ; Boyards et serfs russes ; Héros de la Russie, etc. L'original faisait partie de la collection du regretté Lucien Wyganowski, l'érudit et habile directeur des travaux de restauration du château de Pierrefonds.

Ces fac-similés ont été probablement exécutés pour des publications de Léon Zienkowicz.

Titre, ou première page, avec ornements calligraphiques d'un évangéliaire, manuscrit paléoslave en caractères Glagolitiques Illyriens du dixième siècle. Fort volume en parchemin, in-4°, faisant partie de la bibliothèque de Bologne. Ce titre, orné dans le style des entrelacs labyrinthiformes de cette époque *, est en deux couleurs ; le texte

* Ornementation d'origine romaine (voir l'*Abécédaire ou Rudiment d'Archéologie*, par M. de Caumont, p. 447).

sur deux colonnes est noir avec quelques lignes en rouge. Au bas de la page se trouve cette mention latine, d'une écriture relativement récente, terminée par un mot allemand : *Iste liber est S*[ti] *Sac*[is] *de Kon'* (Ce livre est du saint rit affecté aux sacres des rois). Fac-similé exécuté pour servir aux recherches de M. Alexandre Chodżko sur les textes Cyrilliques et Glagolitiques des saints Cyrille et Méthode.

Gravures et Dessins.

Nicolas Copernic. D'après la planche qui se trouve en tête de sa biographie par Pierre Gassendi, et qui a été gravée d'après le plus ancien portrait connu de Copernic peint sur l'un des médaillons de l'horloge astronomique de Strasbourg * . Une copie très réduite de cette planche se trouve parmi les différents portraits de Copernic que le célèbre graveur Antoine Oleszczyński (4) a joints au portrait du grand astronome polonais qu'il a si remarquablement exécuté en mémoire du troisième centenaire de sa mort et de son jubilé célébré à Varsovie, en 1843. Le texte explicatif qui accompagne cette gravure est illustré de dessins lithographiques à la plume, exécutés par A. Piliński et représentant: la statue de Copernic, par Thorwaldsen, érigée à Varsovie en 1829; les vues de Thorn, de Frauenbourg; et une composition réunissant le portrait de l'édition de Gassendi et les sujets précédents.

Entrata in Roma dell'Eccellentissimo Ambasciadore di Polonia, l'Anno MDCXXXIII. (Entrée à Rome de Son Excellence l'Ambassadeur de Pologne, l'an 1633. — Cet ambassadeur était Georges Ossoliński). D'après la planche dessinée et gravée sur cuivre par Étienne Della Bella et dédiée à Laurent de Médicis. Ce sujet est ainsi représenté : à l'horizon, se dessine Rome; à gauche, des spectateurs, placés sur une éminence où une sorte de construction supporte les armes des Médicis, regardent défiler des cavaliers Polonais, des mules chargées de présents, des cavaliers de la garde de Sa Sainteté, des cardinaux montés sur leurs mules, des Persans et des Arméniens conduisant une dizaine de chameaux recouverts de superbes étoffes et portant de somptueuses offrandes, puis des joueurs de trompettes qui ferment la marche du cortège.

* Lire la vie de Copernic, par Camille Flammarion. — (Paris, Librairie Académique Didier et Cie, 1872).

Henri de Valois, Roi de France et de Pologne. D'après une gravure du temps.

La couronne d'or que Boleslas Ier le Grand (Chrobry) porta le premier en Pologne, lors de son sacre en 1024. D'après un dessin accompagné d'un texte manuscrit de Joachim Lelewel. Dans ce texte il est dit que «la superstition attribue les malheurs de quelques-uns des roys de Pologne à la préférence qu'ils ont donnée pour leur sacre à d'autres couronnes que celle-ci.»

Le roi héraldique de Pologne et le duc de Mazovie. D'après deux gravures du quinzième siècle faisant partie de l'Armorial universel appartenant à la Bibliothèque de l'Arsenal.

La Reine Hedwige. D'après une petite estampe d'édition allemande, pièce de la collection de M. Alexandre ! esser.

Vue de Vilna, capitale de la Lithuanie. D'après une ancienne gravure.

Intérieur d'un salon, avec oratoire, dans l'ancien château des princes Czartoryski, à Pulawy, pendant la célébration de la messe. D'après un dessin lithographique. Reproduit pour le prince W. Czartoryski.

Reproductions en fac-similé pour les publications du Comte Jean Dzialyński.

Manuscrits.

Statuta i przywileje Królów Polskich i Książąt Mazowieckich (Statuts et privilèges des rois de Pologne et des ducs de Mazovie). Manuscrit polonais (grand in 4°) de 1450, composé de 112 pages, avec sujets et grandes initiales en couleurs. Texte bistre et rouge. Tiré à 500 exemplaires.

Statut de Kazimir III (le grand), réunissant et conciliant les lois de la grande et de la petite Pologne, promulgué en langue latine par ce roi à la diète législative de Wisliça en 1347. Manuscrit polonais (in 4°) du 15e siècle, composé de soixante-sept pages.

De legitimo pupillari Autore tam agnato quam etiam fideicommisso, utrum talis tutor facultatem habeat credita solvere et debita exigere (Si du légitime tuteur pupillaire, tant agnat que fidéicommissaire, tel tuteur a le pouvoir de libérer les créances et de payer les dettes). — Questionnaire, concernant les lois municipales de Magdebourg. Fragment d'un manuscrit latin (in 4°) de 1460, composé de vingt-deux pages.

Secuntur vocabula juris Meydeburgensis (Suivent les dénominations concernant le droit de Magdebourg). — Vocabulaire juridique, par ordre alphabétique, depuis la lettre *a* jusqu'à la lettre *v*. Manuscrit polonais de 12 pages, avec titre latin, faisant suite au précédent ouvrage.

Insignorum clenodiorum regis et regni Poloniæ descriptio (Description des insignes et des emblèmes des rois et du royaume de Pologne). Fragment de 16 pages (in 4°) d'un armorial, manuscrit latin du quinzième siècle.

Psautier de la reine Hedwige. Manuscrit polonais (in-8°) du quatorzième siècle (vers 1382) de 640 pages, avec sujets en couleurs et quelques initiales fleuronnées. Texte en deux couleurs, bistre et rouge. Tiré à 500 exemplaires. L'original fait partie de la bibliothèque du prince Wladyslas Czartoryski.

Feuillet d'un manuscrit latin du treizième siècle (1245) : *Incipit gesta Tartarorum secundum fratrem Johannem ordinis fratrum minorum.* Description d'un voyage à travers la Pologne jusque chez les Tartares, Conrad étant duc de Mazovie, par frère Jean de Plano Carpini de l'Ordre des Franciscains ou Frères mineurs. — (Paris, Bibliothèque nationale.)

Clemens êps servus servôr Dei dilecto filio Wladislao de Polonia monacho monasterii sancti Benigni de Divione, etc. (Clément évêque, serviteur des serviteurs de Dieu, à son cher fils Wladyslas (5) de Pologne, moine du monastère de Saint-Bénigne de Dijon). Lettre du pape Clément VII, datée d'Avignon le 2 des nones de juillet et la quatrième année de son pontificat, adressée à Wladyslas de Pologne moine du monastère de Saint-Bénigne de Dijon, de l'Ordre de Saint-Benoît du diocèse de Langres, et lui mandant de venir auprès de lui, sa présence étant opportune à quelques-unes de ses propres affaires et de celles de l'Église de Rome.

Anciens manuscrits polonais, et *fragment* d'un document sur parchemin qui est la transcription d'une ordonnance établie par le roi Wladyslas Jagellon, dans l'intervalle des années 1423-1433 (bibliothèque des princes Czartoryski).

Chant d'Ave Marya, pour quatre voix. Manuscrit polonais de 1460, sans nom d'auteur. Caractères gothiques, paroles et musique. L'original a été trouvé dans un couvent de Poméranie par le docteur Kętrzyński.

Hymne à St Stanislas. Même époque et mêmes caractères que le précédent. L'original fait partie d'un manuscrit polonais, volume relié, in-8°, d'une centaine de pages. Il a été fait de ces deux derniers fac-similés un tirage pour le Dictionnaire des Musiciens Polonais d'Albert Sowiński.

De origine stemmatum (De l'origine des titres de noblesse). Petite dissertation de Martin Bielski sur les armoiries polonaises désignées sous le nom de *Abdank*. Manuscrit, petit in-8°, de trois pages.

Curieux dessin à la plume, faisant probablement partie d'un recueil, représentant Jean Dlugosz (Dlugossus), avec une inscription latine que nous traduisons : *Jean Dlugosz, chanoine de Cracovie, archevêque de Léopol, né en 1415, mort en 1480, qui fut instituteur et précepteur des fils de Kazimir roi de Pologne* (*Kazimir IV Jagellonide*).

Kroniki Bogufala (Chroniques de Bogufal). Treize pages d'un manuscrit en langue latine sur les chroniques de Pologne.

Les *documents* suivants, formulés en langue latine, émanent de rois de la dynastie des Jagellons et concernent la famille des princes Czartoryski. Nous en donnons la traduction in extenso, dans le but d'offrir au lecteur deux types intéressants d'actes officiels rédigés dans les anciennes chancelleries du royaume de Pologne.

Diplôme de Wladyslas III (Varnénien), 1442 :

« *Au nom du Seigneur, amen*. En perpétuelle mémoire de ce qui suit : Nous, Wladyslas, par la grâce de Dieu, Roi de Pologne, Hongrie, Dalmatie, Croatie, Rascie *, Servie, Slavonie, et aussi des terres de Cracovie, Sandomir, Sieradz, Lancicie, Cujawie, Lithuanie, héritier et souverain Seigneur de Poméranie et de Russie, signifions par la teneur des présentes qu'il importe à tous présents et à venir de connaître comment, désireux d'honorer nos consanguins les illustres Seigneurs Ivon, Alexandre et Michel, Princes Czartoryski, qui ont toujours fait preuve d'une grande affection, fidélité, et d'un inaltérable dévouement envers Notre Majesté et Notre Illustre Royaume de Pologne, nous décrétons, après mûre délibération, approbation et conseil de nos Prélats et Barons de nos Royaumes tant de Pologne que de Hongrie, leur accorder et concéder à perpétuité la jouissance en propre du sceau princier qu'ils tiennent de leur aïeul et de leur père, et qui a pour emblème : *Un cheval sur lequel est assis un guerrier armé tenant dans sa main un glaive nu*. En foi de quoi, notre sceau est appendu sur ce présent acte civil. Ratifié à Bude, la cinquième férie devant la fête de

* Rascie. Partie de la Servie.

St-Vitus, l'an du Seigneur Mil quatre cent quarante-deux. Fait en présence des révérends Seigneurs et Sénateurs : Simon d'Agram, Pierre, Évêque de Sandecz, l'honorable Laurent de Hederwart du Royaume de Hongrie, Luc de Gorka de Posen, Pierre Odrowasz de Sprowa, Palatin de Léopol, Laurent de Kalinow de Sieradz, Grégoire Branicz, Castellan de Radom, et de plusieurs autres féaux et dignitaires. Écrit de la main de nos sincèrement affectionnés : Jean de Koniecpole, Pierre Woda de Szczekocin, Chancelier et Vice-chancelier du Royaume de Pologne, et relaté par l'honorable Odrowasz de Sprowa, Palatin de Léopol ».

Le diplôme suivant, accordé par le roi Sigismond II Auguste, en 1569, et ratifiant celui qui précède, en contient en outre l'intégrale transcription : « Nous, Sigismond Auguste, par la grâce de Dieu, Roi de Pologne, Grand Duc de Lithuanie, Russie, Prusse, Mazovie, Samogitie, Wolhynie, Podlachie, etc., Seigneur et héritier de ces divers pays, signifions par nos présentes lettres, qu'il importe à tous de connaître, que la famille de l'illustre Prince Czartoryski est digne de la plus grande considération tant par ses mérites que par son dévouement vis-à-vis de la Sérénissime République de Pologne, des Rois nos prédécesseurs et de Nous-même. Cette famille aussi ancienne que la nôtre, celle des Jagellons, y est, de plus, unie par les liens du sang ; et par ce qu'ils descendent de cette famille, ces Princes furent toujours pleins de déférence envers Nous, et nous prouvèrent en tous temps, ainsi qu'à la République, leur grand attachement tant dans le pays qu'au dehors. De ce fait, ils furent bien méritants de la République, qu'ils aimèrent toujours et à qui ils firent le plus grand honneur. Soucieux de la bonne renommée de leurs ancêtres, ils persévèrent à agir dans leur conduite selon les traditions d'honneur qu'ils en ont reçues, augmentant par cela même cette bonne renommée. L'illustre et honorable Prince Alexandre Czartoryski, Palatin de nos terres de Wolhynie, qui, dès son âge le plus tendre, s'est fait avantageusement connaître, tant dans sa vie privée que dans sa vie publique, par sa probité, sa prudence, son courage, et sa fidélité constante envers Nous et la République, mérite les plus grandes louanges et les plus grandes récompenses. Et ce qui l'honore le plus, c'est d'avoir su développer en son fils, l'illustre et généreux Prince Michel Czartoryski, les heureuses dispositions qui le rendaient propre aux affaires, et le mettre ainsi à même de prouver qu'il ne dégénérerait pas des vertus de ses ancêtres. L'illustre et honorable Prince Alexandre Czartoryski, Palatin de Wolhynie, produit devant Nous des lettres écrites sur un parchemin revêtu du sceau royal, par lesquelles le Sérénissime Prince et Seigneur Wladyslas, autrefois Roi de Pologne et de Hongrie et frère de notre aïeul paternel, concédait et accordait aux Princes Czartoryski de prendre pour insigne, sceau et marque de noblesse, ce que dans le langage vulgaire nous désignons sous le nom de *Pogoń* *; et le Prince nous demande que nous daignions approuver, confirmer de notre autorité et faire récrire ces lettres, dont la teneur est ainsi conçue... (Suit la transcription du diplôme de Wladyslas III)... C'est pourquoi, Nous, Sigismond Auguste, Roi, répondant au vœu de l'illustre et honorable Prince Alexandre Czartoryski précité et de sa famille, avons, pour des motifs légitimes, vis-à-vis de Nous et de la République, fait transcrire mot pour mot ces lettres, ainsi qu'il nous était demandé, et les avons approuvées, confirmées et légitimées de notre autorité royale, leur donnant force de décret à perpétuité. Mais, aussi, nous déclarons de ce fait, en tout ce qui nous concerne, compter à l'occasion sur l'entier dévouement de cette famille ainsi honorée. En témoignage de quoi, nous avons signé les présentes, qu'en outre nous avons fortifiées de notre sceau. Donné à Lublin, en l'Assemblée générale de notre Royaume **, le vingt cinqième jour de Mai, l'an du Seigneur Mil cinq cent soixante neuf et le quarantième de notre règne. Sigismundus Augustus, Rex.»

Ces deux parchemins si précieux, surtout celui qui porte la signature du roi Sigismond Auguste, sont d'une fort belle écriture et appartiennent au prince Władysłas Czartoryski. Sur les fac similés le prince a écrit en polonais et signé l'observation suivante : *Wiarogodna podobizna z originału w moym posiadaniu. Paryż 10 Marca 1876. Władysław Książe Czartoryski* (Digne de foi la ressemblance avec l'original qui est en ma possession. Paris le 10 Mars 1876. Władysłas Prince Czartoryski).

Lettre de Ferdinand II, Empereur d'Allemagne, à Władyslas IV, lui annonçant l'élévation de Georges Ossoliński à la dignité de Prince de l'Empire. Datée de Vienne le 6 février 1654.

* Pogoń : cavalier poursuivant des fuyards.

** Mémorable Diète de Lublin, en 1569, où fut confirmé l'acte politique de l'Union de la Pologne avec la Lithuanie, acceptée par ces deux nations à la Diète convoquée à Horodlo, en 1413, par Wladyslas Jagellon.

Titre et *feuillet* de l'*Armorial de Kojałowicz* (dix-septième siècle) avec emblèmes sommairement dessinés et leur description en latin. Le titre est ainsi rédigé : *Stemmata quæ in variis Lithuaniæ nobilitatis monumentis contigit videre, sed cognomina familiarum quæ iis utuntur non comperi* (Titres et armoiries réunis de la noblesse de Lithuanie, sans les noms des familles qui leur sont propres et que l'auteur n'a pas découverts). Sur le feuillet est cette dédicace ou invocation : *Divis Angelis Lithuaniæ custodibus et sanctis ejusdem Patronis sacer. Nomenclator familiarum et stemmatum Magni Ducatus Lithuaniæ et provinciarum ad eum pertinentium. Collectæ et in ordinem digestæ operâ diuturnâ P. Alberti Wiiuk Kojałowicz Societatis Jesu Doct. eiusdem in alia Universitate Vilnensi olim ordinarii professoris. Descripty anno 1658* (Dédié aux divins Anges protecteurs et saints Patrons de la Lithuanie. Nomenclature des familles et des titres de noblesse du Grand Duché de Lithuanie et des provinces qui en dépendent. Réunis et mis en ordre par le long travail du P. Albert Wiiuk Kojałowicz de la Société de Jésus, Docteur de cette même Société, ex-professeur ordinaire de l'Université de Vilna. Écrit en l'année 1658). Au bas de la page, il y a une observation d'Adam Naruszewicz, Évêque Coadjuteur de Smoleńsk, suivie de sa signature en initiales : A. N. E. C. S. — L'original de cet ouvrage, qui n'a jamais été publié, se trouve à la bibliothèque des princes Czartoryski à Cracovie.

Autographe, de Thadée Czacki, concernant Rey de Nagłowicé, daté de Varsovie, 1831.

Lettre du même, datée de 1806.

Livres.

L'Apocalypse de Saint-Jean. — Traduite en polonais et commentée par Nicolas Rey de Nagłowice. — Titre : *Apocalypsis. To iest dziwna spráwá skrytych taiemnic Páńskich | ktore Janowi świętemu, gdy był wygnan prze wyznánie wiáry swiętej ná wysep kthory zwano Pátmos | przez widzenia y przez anyoły rozlicznie zwiástowáne były.* (L'Apocalypse. C'est le merveilleux ouvrage des mystiques secrets divins, qui, par visions et par les anges, furent différemment communiqués à St-Jean, lorsque, pendant sa confession de la foi sainte, il fut exilé dans l'île qui est appelée Pathmos). Ce titre est suivi d'une maxime ou sentence, telle qu'il s'en trouve sur les titres des ouvrages de Nicolas Rey :

Pytayciesz sie o pismiech | ná ktorych zależy Krolestwo Páńskie | bo srogi iest strách wpáść w ręce Bogá żywiącego (Tu te demanderas ce qui, dans ces écritures, importe au royaume du Seigneur, car cruel est l'effroi de tomber dans les mains du Dieu vivant). *Z drukárniey Mácieiá Wirzbięty. Roku Páńskiego 1565* (De l'imprimerie de Mathieu Wirzbieta. L'an du Seigneur 1565). — Au verso est cette dédicace : *Zacnie urodzonemu Pánu, | Pánu Nikolaiowi Naruszowiczowi Sekretarzowi y Sprawcy Káncelláriey Księstwá Lithewskiego Staroscie Márkowickiemu etc. Przyjacielowi swemu y brátu Krześciáńskiemu bárzo milemu* (A son très-cher frère et chrétien ami, l'illustre Seigneur de naissance, le Seigneur Nicolas Naruszowicz, Secrétaire et Procureur Chancelier du Duché de Lithuanie, Staroste de Markowicki etc...). Cet ouvrage forme un in-4° gothique de 472 pages, une gravure, au commencement, représente Nicolas Rey dans la cinquantième année de son âge; à la fin, sont ses armoiries : un heaume couronné, au sommet duquel s'enfonce une doloire (hache) par une de ses pointes et qui surmonte un blason écartelé : au 1er d'une doloire, au 4me d'une hache d'armes, au 2me de trois glaives en pairle réunis par les pointes au cœur de l'écu et au 3me d'une rivière coulant en bande et sommée d'une croix. Au verso du dernier feuillet est gravée la marque de l'imprimeur : un arbre au tronc duquel est suspendu un écusson portant en monogramme les lettres initiales M. W. et qu'entoure un riche ornement. D'après les renseignements recueillis par le comte Jean Dzialyński, cette édition, imprimée à Cracovie, est la première connue d'entre celles, que l'on a faites de l'Apocalypse dans toutes les langues.

Ustawy prawa Polskiego (Règlements concernant le Droit polonais). — Lois et Statuts des rois de Pologne au temps de Sigismond Auguste. Traduit du latin en polonais. In-4° gothique de 160 pages, imprimé en 1563.

Consilium rationis bellicæ (Instructions sur l'art de la guerre) Par Jean Tarnowski, Castellan de Cracovie, Grand Hetman de la Couronne de Pologne. In-8° gothique de 76 pages, imprimé à Tarnów en 1558 par Lazare Andrysowicz.

Plaquettes.

Memorabilis et perinde stupenda de crudelitate Moscovitarum expeditione narratio, e germanico in latinum conversa (Récit également mémorable et étonnant de la cruauté des Moscovites en campagne. Traduit de l'allemand en latin). — In-4° de cinq pages, caractères ronds, imprimé à Douai en 1563 chez Jacques Boscardi.

La grande victoire du très illustre Roi de Poloine (*Sigismond Ier le vieux*) *contre le vayevode de Moldavie.* — In-8° gothique de six pages, imprimé à Paris à l'*Escu de Basle* en 1531. L'original fait partie de la bibliothèque du prince Władyslas Czartoryski.

Raczył (Il daigne) *Łukasza Gornickiego, w Krakowie, w drukarni Lazarzowej, 1598.* — Ouvrage de Luc Gornicki, ayant pour objet la critique des gens qui, vis-à-vis des personnes à qui ils s'adressent, abusent à tout propos de cette formule obséquieuse : *Monsieur daigne-t-il.* Ainsi : Monsieur *daigne-t-il* comprendre ce raisonnement! Monsieur *daigne-t-il* faire ceci, faire cela ! *Daigne-t-il* manger, boire etc., etc. Petit in-4° de sept pages en caractères italiques, imprimé chez Lazare à Cracovie, 1598.

Dialogues entre le roi Salomon et le philosophe Marcholt. — Huit pages, seules connues et sans le titre, d'un livre polonais satirique et humoristique. — In-8° gothique avec gravures du seizième siècle.

Alyorithm, to iest nauka liczby po polsku, etc. — Vingt-six pages, avec titre orné, d'un ouvrage scientifique ayant pour objet l'étude des logarithmes, par Bernard Woiewódka, avec cette dédicace : *Wielmożnemu Panu a Panu Spitkowi Jordanowi z Zakliczyna* | (*Grabina Melsztynie*) | *Kasztelanowi Sądeckiemu, Królestwa Polskiego Podskarbiemu,* etc. *Panu swemu miłosciwemu służbę swą powolną wskazuie* (Au très haut Seigneur Spitkow Jordan de Zakliczyn, Comte de Melsztyn, Castellan de Sandecz, Trésorier du Royaume de Pologne, etc. Offert à son cher Seigneur par son serviteur fidèle). — In-8° gothique, imprimé en 1553, à Cracovie, chez les successeurs de Marc Szarsenberg. Au verso sont les armes *Tromby* ou *Jordan* : d'argent à trois cornets de chasse de sable, liés, virolés et enguichés d'or, mis en pairle et abouchés en cœur de l'écu. *

Feuillets ou pages.

Feuillets de l'ouvrage de Balthazar Opec, intitulé : *Żywot wszechmocnego Syna Bożego Pana Jezusa Christusa,* etc... (Vie du Tout-Puissant Fils de Dieu, Notre Seigneur Jésus-

* Voir les Notices sur les familles illustres et titrées de la Pologne, p. 308. — Paris, A. Franck, libraire, 1862.

Christ etc...) D'après les Évangiles et les Pères de l'Église, etc. Imprimé et publié à Cracovie, en 1522, chez Jérôme Wietor, et dédié au roi Sigismond Ier. In-4° gothique, avec gravures.

Armorial de Paprocki. — Dix pages, pour compléter un exemplaire.

Korona Polska (La Couronne de Pologne). Pages 47-48 du Tome IV de cet ouvrage, de Gaspard Niesiecki, 1743.

Regestr abo porządek, dla prętszego nalezienia Królow y książąt. w Krakowie, z drukarniej Macieja Garwolczyka, za staraniem własnym y nadkładem autora tych Ksiąg. Roku 1584 (Registre ou catalogue indiquant l'ordre chronologique des rois et des princes, et en facilitant rapidement la recherche. Imprimé par les soins et aux frais de l'auteur, chez Mathieu Garwolczyk à Cracovie en 1584.) Réfection de plusieurs feuillets.

O Kleynocie starodawnym Prus, tak rzeczonem, który ma być Pultora Krzyża Białte w polu Czerwonym jak Długosz o tym świadczy, etc... (Des joyaux ou armoiries de l'ancien nom dit de *Pruss*, qui se composent, ainsi que le témoigne Długosz: d'une croix blanche avec demi-traverse à dextre, ou double croix imparfaite d'argent sur champ de gueules). Folio 415 de l'armorial de Paprocki, où sont représentées et décrites ces armoiries. A la suite viennent, accompagnées de cette croix de (*Pruss*), les armoiries de la famille des Nakwaski, de l'ancien palatinat de Plock; seulement, dans leur croix, la demi-traverse est placée à senestre.

Titres.

Statuta seymu Warszawskiego. Roku Pańskiego 1557 (Statuts de la diète de Varsovie. 1557). Titre, avec lettre initiale gothique ornée, d'un ouvrage imprimé en 1563 et sans autre désignation d'imprimeur que les initiales I. P.

Statuta y przywileje Koronne z łacińskiego języka na polskie przełożone, nowym porządkiem, zebrane y spisane. Przez Pana Jana Herburta z Fulstyna, Kastellana Sanockiego Starostę Przemyslskiego, etc...(Statuts et privilèges de la Couronne, traduits de la langue latine en polonais, nouvelle édition revue et corrigée. Par le Seigneur Jean Herburt de Fulstyn, Castellan de Sanok, Staroste de Przemyśl, etc...). In-4° gothique, 1561. L'encadrement de ce titre, imprimé en deux couleurs, noir et rouge, est très orné; dans l'ornementation du haut sont représentés les rois

Alexandre, Sigismond Ier et Sigismond-Auguste. Au verso, le portrait de ce dernier souverain.

Diadochos (Des ancêtres). Titre de l'armorial Morave de Paprocki, publié à Prague en 1598.

De origine et rebus gestis Polonorum Libri XXX etc... (De l'origine des Polonais et de leurs exploits. Trente livres etc...). Par Martin Kromer. Sur le titre est l'aigle de Sigismond Auguste, et au verso une gravure représentant ce roi. — Imprimé à Bâle en 1555, par Jean Oporini.

Sigismond Auguste, avec les armes des différentes provinces de Pologne. — Titre ou feuillet d'armorial.

Nowy testament Polski święta Pana Jesusa Chrystusa Ewangelia, od Ewangelistów y od innych Apostolów napisana. (Nouveau testament en polonais, ou Saint Évangile de Notre Seigneur Jésus-Christ, rédigé d'après les Évangélistes et d'autres Apôtres). 1577. — Titre avec texte en deux couleurs, noir et rouge, et encadrement où sont représentés les patriarches, les prophètes et les évangélistes.

Swiętych słów a spraw pańskich, etc...(Des saintes paroles et affaires divines etc...).Titre *postilli* d'un ouvrage de Nicolas Rey, concernant la religion. Publié à Cracovie chez Wirzbięta en 1556. Au verso est l'aigle de Pologne entouré des armes des provinces, et au bas, une poésie en l'honneur de l'Aigle blanc.

Zwierzyniec. W którym rozmaytych stanów ludzi, zwirzáth, y ptaków, kstąłty przypadki, y obyczaje, są własne wypisane. A zwłascza ku naszym dzisieyszym czasom nieiako prżypadaiące. — Sorte de traité d'histoire naturelle. Suivent ces vers, extraits des Thrênes * de Nicolas Rey.

« Nyechże cie nic nie rusza | moj namilszy brácie |
Jesliby co niek myśli | też przypádło ná cie.
Bo mi jednák łáczniey z swym | niż draźnić obcego |
Wszák ia thu nie wspominam | co mi nic do thego.
Jedno ia tu ná pámięć | swe dilekty liczę |
Co im wszego dobrego | iáko sobie życzę.
A iż sie też wtaczáią | y po stronne rzeczy,
Radbych by sie z cudzych spraw | miał każdy na pieczy.
Napowinnieyszy przyjaciel prawdá. »

(*Trenorum III*).

Traduction de ce qui précède :

« *Zwierzyniec* (Le Parc), où sont décrits les formes, les accidents et les mœurs des différentes conditions d'hommes,

* *Treny* (lamentations).

d'animaux et d'oiseaux, surtout ceux qui se rapportent en quelque sorte à notre époque actuelle. »

Passage des thrênes faisant suite :

« Ne sois donc pas ému, mon très cher frère,
Si quelque accident désagréable te frappait à ton tour,
Car il m'est plus facile de parler aux miens que de blesser un étranger.
Et je ne rappelle pas ici ce qui ne me concerne en rien,
Je n'évoque que le souvenir de ceux que j'aime
Et, à qui je souhaite autant de bien qu'à moi.
Et, comme il y entre aussi des choses différentes,
Je désirerais que chacun prenne garde aux affaires étrangères.
Le meilleur des amis est la vérité. »

(*Des Thrênes III*).

Ad. Piliński a reproduit les titres de deux éditions différentes de cet ouvrage ; éditions qui ont été imprimées et publiées, l'une en 1562, et, l'autre dont le titre vient d'être cité, en 1574, par Mathieu Wirzbięta à Cracovie.

Piastów Jagiellonów heraldyczne zabytki (Monuments héraldiques des Piasts et des Jagellons). Titre orné et texte en deux couleurs, du temps de Nicolas Rey, probablement imprimé par Mathieu Wirzbięta. Cette reproduction devait servir de frontispice et de titre à un ouvrage héraldique que le Comte Jean Działyński avait l'intention de publier, et dont la première partie devait comprendre la réimpression (déjà faite par le Comte Tytus son père) du deuxième chapitre du *Zwierzyniec* (Le Parc) de Nicolas Rey. Cette réimpression fut ensuite publiée sous ce titre : *Fragment de haie du parc de Nicolas Rey* ; et le frontispice dont il s'agit, qui n'a pas été employé, n'a servi à aucune autre publication.

O ziolach y o moczy gich. O paleniu wódek z ziol. etc... (Des plantes et de leurs vertus. De leur distillation pour les eaux-de-vie). Titre orné, en deux couleurs, d'un ouvrage in-4° gothique sur l'agriculture, d'Étienne Falinierz, publié en 1534, à Cracovie chez Ungler et dédié à Jean de Tenczyn. Au verso sont les armoiries de ce personnage, précédées du texte suivant : *Illustris spectabilis et magnifici domini Joannis a Teczyn comitis Palatini Podolie Chelmen, Belzen Krasnoslawieńq. Capitanei* etc... *insignia* (Insignes de l'illustre, glorieux et magnifique seigneur Jean de Tenczyn, comte Palatin de Podolie, Chelm, Belz, et de la Capitainerie de Krasnoslaw). Les armoiries se composent d'un blason écartelé, d'une doloire ou hache avec un trèfle sur une pointe, et de l'Aigle à deux têtes. Deux heaumes surmontent ces armoiries : sur l'un est fixée une hache par une de ses pointes, sur l'autre se tient l'aigle à deux têtes.

Wizerunek wlasny żywota czlowieka poczciwego, w Ktorym iako we zwieryciedle, snadnie każdy swe sprawy ogledac może : zebrany y z filozophów, y z roznych obyczaiów swiata tego. « Cokolwiek czynisz, rostropnie czyn, a patrz konça. » Cum gratia et privilegio. (Portrait propre, de la vie de l'homme honnête, où, comme dans un miroir, chacun peut facilement regarder ses actions. Pris dans les philosophes et les différentes mœurs de ce monde. « Quoi que tu fasses, agis avec prudence et considère la fin. » Avec permission et privilège). Titre orné, d'un ouvrage philosophique publié par Nicolas Rey à Cracovie, en 1560, et imprimé par Mathieu Wirzbięta.

O Litewskich i Polskich prawach, o ich duchu, żrzódłach, związku i o rzeczach zawartych w pierwszem statucie dla Litwy 1529 roku. Wydanem przez Tadeusza Czackiego, w Warszawie 1800 roku, w drukarni J. C. G. Ragoczego, jego Królewskiej Mosci uprzywileiwanego drukarza, mieszkaiącego w starym mieście Nr 52 (Des droits lithuaniens et polonais ; de leur esprit, de leurs origines, et de leurs rapports, en ce qui concerne les conclusions, avec le premier statut de Lithuanie de l'an 1529. Publié par Thadée Czacki à Varsovie en 1800, à la librairie de J. C. G. Ragoczy, imprimeur, ayant son privilège royal et demeurant dans l'ancienne ville au numéro 52).

Antemurale Christianitatis Polonia.—Titre ou gravure allégorique, avec légende latine, datant de l'époque de la délivrance de Vienne et représentant : la Pologne sous l'aspect d'une reine, le pape Innocent XI, et le roi Jean III Sobieski. La Pologne est debout ; sa couronne soutient un Christ, sur sa robe est posé l'aigle de Pologne ; ses mains portent une sorte d'autel sur lequel est un calice ; ses pieds s'appuient, l'un sur une épaule du pape, l'autre sur une épaule du roi, tous deux agenouillés sous elle devant un autel. Le texte suivant s'entremêle à la composition du sujet : *Antemurale Christianitatis Polonia. — Papæ ac regis humeris nixa, cujus quodvis latus si offenderis totam Regni structuram dissolveris* (La Pologne, boulevard de la Chrétienté. Quiconque heurterait son corps, porté sur les épaules du pape et du roi, détruirait toute l'organisation du royaume.) Cette gravure est extraite de l'œuvre : *Sklad abo skarbiec znakomitych sekretów ekonomiej, ziemiańskiej, przez Jak. Kaz. Haura. w krakowie u Szedla*

1689.fol. (Recueil ou trésor des remarquables secrets de l'économie agricole, par Jacques Kazimir Haur. A Cracovie chez Szedl 1689, fol.). Cette même gravure avait déjà été employée dans le *Quincunx* (Quinconce) d'Orzechowski de 1564, avec ces différences qu'à la place de Jean III c'est Sigismond Auguste qui y est représenté, que sur la poitrine de l'Aigle, au lieu du chiffre de Jean Sobieski, se trouve celui de Sigismond Auguste, et que le pape Pie IV* occupe la place d'Innocent XI.

Herby rycerstwa Polskiego. Na pięcioro xiąg rozdzielone. Przez Bartosza Paprockiego. — W Krakowie w drukarni Macieja Garwolczyka. Roku pańskiego 1584. (Armorial de la chevalerie polonaise. Divisé en cinq livres. Par Barthélemy Paprocki. — Cracovie, à l'imprimerie de Mathieu Garwolczyk. Année du Seigneur 1584). Titre, avec encadrement, où sont placées les armoiries des différentes provinces de Pologne; gravure, au verso, représentant le roi Étienne Batory. La Bibliothèque Nationale possède un volume de cet ouvrage, sous l'indication (M 1176.).

Biblia Swięta, Tho jest księgi starego y nowego zakonu właśnie z Indowskiego | Greckiego | y Łacińskiego | nowo na Polski ięzyk z pilnoscią y wierni wyłożone (La Bible sainte, c'est le livre propre de l'Ancien et du Nouveau Testament, traduit de nouveau et avec un soin fidèle en langue polonaise, de l'hindou, du grec et du latin). Titre, in-folio, orné de gravures, et feuillet de la Bible dite d'*Ostrorog*.

Zwyerciadlo, albo Kstalt w ktorym każdy stan snadnie sie może swym sprawam iako we zwierciedle przypatrzyć. Za szczęsnego panowania sławnego króla Zygmunta Augusta Króla Polskiego, roku po narodzeniu Pańskim 1567, etc... (Miroir, ou forme dans laquelle chaque état peut facilement considérer son affaire comme dans un miroir; autrement dit « Miroir de tous les états. » — Imprimé sous l'heureux règne de l'illustre roi, Sigismond Auguste, roi de Pologne, l'an du Seigneur, etc...1567). Suivent des vers en l'honneur de l'auteur, Nicolas Rey. — Titre avec ornement en tête.

Gravures et Planches diverses.

Le Grand Hetman, Jean Zamoïski. — D'après l'original faisant partie de l'ouvrage intitulé *Ambrosersammlung.* —

* Élu pape en 1559, mort en 1565.

Planche sur cuivre du seizième siècle, reproduite pour la publication du Comte Tytus Działyński, de l'ouvrage : *Collectanea vitam resque gestas Johannis Zamoyscii illustrantia* (Recueil en l'honneur de la vie et des actes de Jean Zamoïski). Posen 1861.

L'aigle de Sigismond, surmontant cette légende :

Unguibus ac rostro pugnes, Jovis acuto :
Expansis cum alis nos diadema tegat.

(Oiseau de Jupiter, lutte des serres et du bec acéré, en nous offrant, à nous, et à notre couronne, l'ombre protectrice de tes ailes déployées). — Extrait de Przyłuski *Leges seu statuta* (Lois ou statuts) 1553. Cet aigle se répète, mais avec une légende différente, dans quelques ouvrages, entre autres : les Statuts de Sigismond 1er, année 1524, les Statuts et Privilèges de la Couronne, par Jean Herburt 1567-1568, etc.

Célèbre Diète de Lublin, dite « Diète de l'Union, » présidée par Sigismond-Auguste. — D'après la planche qui fait partie de l'ouvrage de Jean Herburt, *Statuts et Privilèges de la Couronne*, publié à Cracovie en 1570. Le fac-similé se trouve dans la troisième partie de l'ouvrage : *Union du Royaume de Pologne et du Grand Duché de Lithuanie*, publié par le Comte Tytus Dzialyński, en 1856.

Entrée de Sigismond-Auguste à Dantzig (*Gdańsk*) *en 1552*. D'après une gravure contemporaine isolée, ne faisant partie d'aucun ouvrage.

Planches représentant : l'Arbre généalogique des Jagellons et de leurs alliances depuis Olgerd, Duc de Lithuanie en 1340 ; le Roi Wladyslas Jagellon, son fils ; les Rois Wladyslas III, Kazimir IV, Jagellonide et Alexandre ; avec celles représentant les Portraits de Sigismond-Auguste enfant et de sa mère, la reine Bona, accompagnés de vers latins par P. Gundelius. — Reproduit pour compléter un exemplaire de l'ouvrage de Mathieu Miechowita, *Chronica Polonorum*, imprimé à Cracovie en 1521.

Arbre généalogique des Tarnowski, depuis Spicimir, Comte Castellan de Cracovie, fondateur de la Cité et du Château de Tarnow vers 1280, jusqu'à Kazimir Tarnowski en 1644.

Le roi Etienne Batory. — D'après une gravure sur bois du seizième siècle, qui doit probablement être la copie d'un dessin contemporain exécuté par Jost Amman * Au bas de la planche se trouvent les initiales J. A.

* Jost Amman, célèbre graveur sur bois de l'Allemagne 1539-1591.

3

Dimitr. Iwanowicz, tzar de Moscovie. — D'après une gravure sur bois du commencement du dix-septième siècle, qui est une copie du tableau peint par *François Sniadecki* à Cracovie, en 1605.

Maryna Mniszech, Grande Duchesse de Moscovie. — D'après une planche de la même époque que la précédente.

Anne, Louise, Caroline Cunégonde de Mycielin Mycielska. Fille d'Adam Nicolas de Mycielin et de Anne Niegolewska. — D'après une gravure sur cuivre du dix-huitième siècle. Au-dessus de la légende généalogique en latin sont les armes de cette famille: D'azur au fer à cheval versé d'argent, sommé d'une croix patée d'or et accompagné entre ses branches d'une flèche tombante et empennée du deuxième émail *.

Fac-similé d'un dessin exécuté à la plume par Jean Matejko, pour la description de son tableau exposé à Paris au Palais des Champs-Élysées en 1872. — Le sujet représente Étienne Batory, au siège de Wielkie-Luki, ville de Russie au nord de la Pologne, pendant la campagne contre les Moscovites en 1582, recevant dans sa tente royale, au milieu des magnats polonais, les envoyés d'Ivan IV (le terrible) et le jésuite Possevin qui viennent implorer la paix.

Nous ne pouvons parler des travaux d'Adam Piliński sur la Pologne sans rendre un hommage reconnaissant et respectueux à la mémoire du Comte Tytus Dzialyński et à celle du Comte Jean Dzialyński, son fils. L'un et l'autre, mus par une patriotique pensée, conçurent l'idée de l'exécution de ces travaux et leur donnèrent la plus généreuse impulsion. A ce point de vue, nous citerons un paragraphe de l'auteur anonyme des *notices sur les familles illustres et titrées de la Pologne* ** qui a trait au Comte Tytus, dans la notice consacrée à sa famille : « Son goût pour les lettres, que justifiaient en lui de vastes connaissances, ne sera point sans résultat pour son pays ; et les Polonais en particulier, comme le monde savant en général, lui doivent, pour l'ardeur avec laquelle il rechercha et le soin avec lequel il conserva les souvenirs historiques de sa patrie, des remerciements sincères. » Ce livre ayant été écrit et publié du vivant du Comte Tytus, nous avons dû modifier dans sa forme le texte que nous venons de citer.

---

* Voir les notices sur les familles illustres et titrées de la Pologne; aux armes *Dolenga ou Dolega* (afflictif). p. 297.

** p. 62.

III

EXTRAITS DE JOURNAUX, REVUES OU LIVRES

A cet exposé d'une partie des différents travaux de l'éminent artiste qui, jusqu'à sa mort, arrivée le 23 janvier 1887, ont si dignement rempli sa carrière, nous allons joindre l'appréciation de quelques contemporains.

Le Gaulois, du 12 Décembre 1868, au sujet de l'Album offert en prime à ses abonnés et contenant les autographes des compositeurs célèbres : « .... Les autographes sont dus à un procédé de reproduction qui est employé à l'École des Chartes et à la Bibliothèque Impériale, et qui est dû à MM. Pilinski et fils.

« C'est merveilleux d'exactitude et de perfection. Placés à côté l'un de l'autre, nous défions qu'on reconnaisse l'original de la copie. »

L'Univers Illustré, du 26 Mars 1870. — Extrait de l'article intitulé : *Carnet d'un curieux*, de M. Henry Trianon, Conservateur à la Bibliothèque Ste Geneviève : « .... Pour emprunter à Balzac une de ses expressions favorites, M. Pilinski, réfugié polonais, est le prince de la restauration des livres. C'est le contrefacteur transfiguré par l'artiste. Tous ces blessés de la typographie, ces incunables mutilés, ces exemplaires incomplets des superbes ou rares éditions du XVe et du XVIe siècles, il les prend dans ses mains fécondes et délicates, il les soigne, il leur rend la santé et la vie, et les plus habiles ne peuvent distinguer la cicatrice ou la suture, ni établir aucune différence entre l'original et la copie, entre le corps primitif et le membre nouveau ou restauré. Ce serait à avoir peur de confier un de ses livres à M. Pilinski, si la longue possession d'honneur qui est son meilleur titre, même avant son merveilleux talent, ne lui ouvrait, depuis longtemps, toutes grandes les portes de tous les dépôts publics.

« Parmi ses plus étonnantes reproductions, citons un des douze dessins que Rubens a placés lui-même sur bois : *Hercule et le lion de Némée.* L'original de ce chef-d'œuvre xylographique fait partie de la collection de M. Frédéric Villot.

« Citons un *Christ en croix*, de Hans Baldus Grünn, en camaieu rehaussé d'or, que M. Pilinski a reproduit à s'y méprendre pour M. Firmin Didot et dont l'original se trouve dans le Musée de Vienne.

« Il s'occupe en ce moment de fac-similiser, pour M. Galichon, Directeur de la *Gazette des Beaux-Arts*, un très beau dessin du Vinci, représentant des études de chevaux.

« Son ambition est de réunir par la reproduction les plus célèbres pièces xylographiques, une histoire de ce mode de gravure par les monuments mêmes. C'est la *Danse Macabre*, édition de 1490, qui est la pièce de début de cette publication ; *Cantica Canticorum*, une œuvre délicieuse, vient ensuite ; puis nous aurons l'*Ars moriendi*... ».

Le Messager de l'Exposition. 1878 : — « ... Si de là nous passons dans la classe consacrée à la librairie, section 9, nous remarquons une vitrine dont le contenu est d'une très grande valeur.

« On ne connaît que trop les nombreuses causes de destruction des livres ; ils ont à craindre le feu, l'humidité, les insectes et, souvent, la main malfaisante de l'homme.

« Le procédé de reproduction et de réimpression de MM. Adam Pilinski et fils est un des moyens les plus efficaces d'en atténuer les effets.

« Son emploi assure aux bibliothèques la conservation de leurs trésors et permet encore d'en doter les établissements publics par d'excellentes reproductions destinées à remplacer, dans les études journalières, des originaux qui courraient les plus grands risques, vu leur état de vétusté, s'il fallait les faire passer de mains en mains.

« Mais en quoi consiste ce procédé ? nous dira-t-on. Nous avouons l'ignorer complètement. Les procédés de la photographie, doublés de ceux de la galvanoplastie et de tous les secrets des différents genres de gravure ont, sans doute, leur rôle à jouer dans ce travail qui n'exclut pas les qualités de l'artiste ; mais comment et dans quelle mesure ? C'est le secret de l'inventeur, M. Adam Pilinski, qui s'est associé son fils, M. Stanislas Pilinski, dans son œuvre, et il nous faut, bon gré mal gré, le respecter. Du reste, qu'importent les secrets de l'artiste ? Examinons son œuvre ; si elle est bonne, applaudissons, et peu importe le reste... »

Notons encore les articles du *Guttenberg-Journal* et du journal anglais *Printing times and Lithographer*, lors de l'Exposition de 1878.

Le Soleil, du 16 Février 1880 : — *Les illustrations des écrits de Jérôme Savonarole, publiés en Italie au quinzième et au seizième siècles, et les paroles de Savonarole sur l'art.* Par M. Gustave Gruyer. Librairie Didot : « ... Afin qu'on puisse apprécier tout le mérite de ces illustrations qui, jusqu'à ce jour, n'avaient été l'objet d'aucun travail, des reproductions exécutées par M. Pilinski avec une fidélité irréprochable ont été jointes au texte descriptif de M. Gustave Gruyer. Ces reproductions, au nombre de trente-trois, forment un chapitre des plus intéressants de l'histoire des livres à figures vers la fin du XVe et au commencement du XVIe siècles .... »

Bulletin Historique et Scientifique de l'Auvergne, n° 18. Juillet 1883.

Extrait du très intéressant article de M. Élie Jaloustre, membre de l'Académie de Clermont-Ferrand : « ... Nous croyons être agréable aux lecteurs du *Bulletin* en leur signalant les remarquables travaux qu'exécute en ce moment l'un des membres les plus distingués de notre Académie, M. Adam Pilinski, bien connu dans le monde des savants et des bibliophiles pour ses incomparables reproductions de gravures et de livres anciens.

« Nous avons eu dernièrement sous les yeux quelques spécimens des réimpressions xylographiques dues à MM. Pilinski père et fils, et nous sommes restés confondus devant le merveilleux talent avec lequel sont reproduites les rares et anciennes productions qui ornent nos bibliothèques publiques et spécialement la Bibliothèque Nationale...

« On peut citer parmi les premiers livres xylographiques avec gravures : *la Bible des Pauvres*, l'*Ars moriendi*, l'*Apocalypse*, l'*Oraison Dominicale*, du milieu et de la fin du quinzième siècle.

« Ces livres d'images étaient des œuvres d'art, car ils étaient exécutés par des artistes et des imprimeurs de premier ordre, tels que Jean Dupré, Philippe Pigouchet, Antoine Vérard, Simon Vostre, Geoffroy Tory, etc. En Allemagne, Albert Durer, Hans Holbein, ont fait une foule de chefs-d'œuvre avec la gravure sur bois.

« La beauté d'exécution, l'extrême rareté de ces imprimés, expliquent suffisamment l'ardeur avec laquelle ils sont recherchés par les connaisseurs, les bibliophiles, par tous ceux qui s'intéressent aux choses du passé. Notre honorable collègue M. Pilinski, a donc été bien inspiré en dirigeant de ce côté ses travaux si estimés. Nous le félicitons des magnifiques résultats auxquels il est parvenu, et nous souhaitons vivement que ses reproductions, si absolument semblables aux originaux, se répandent de plus en plus, pour faire connaître et apprécier à leur juste valeur les naïves œuvres de nos ancêtres. »

Encyclopédie du XIXe siècle (1868). Répertoire universel des sciences des lettres et des arts. Supplément. Volume 63.. Nouvelle édition, 1883. Bibliographie. Pages 149-153. Extrait d'un article de M. Antony Méray : « — C'est ici que l'amour des livres et des éditions princeps a fait des miracles. Un art nouveau s'est donné la mission de panser ces blessés de la pensée humaine et de les rendre à la santé. On s'est efforcé de nettoyer ces mutilés, souillés d'encre et de boue, de leur restituer leurs feuillets déchirés et leurs majuscules d'or et d'azur gâtées par l'eau de pluie et les éclaboussures du ruisseau. Grâce à des mains habiles, chaque jour voit rendre des ressucités de ce genre à la passion du bibliophile.

« Le prince de la restauration des livres est un très intelligent polonais, M. Pilinski, qui a voué tout son talent à cette œuvre délicate. De sa main habile sortent les caractères gothiques les plus solides, les caractères ronds les plus corrects et les italiques les plus déliés ; il sait adapter les lignes refaites par lui au reste du volume sans qu'on puisse deviner le neuf du vieux. L'intelligent réfugié s'est acquis en ce genre une réputation sans rivale ; il excelle à refaire les frontispices, les titres gravés, les armoiries, les encadrements et même les vignettes coloriées, de façon à dérouter les experts les plus habiles... » (6).

Dossiers du procès de Charlotte Corday devant le Tribunal révolutionnaire, extraits des Archives Impériales et publiés par Charles Vatel, avocat, avec fac-similés par Ad. Pilinski... (Paris, chez Poulet-Malassis et d'autres éditeurs, 1861). — Extrait. — Lettre de Charlotte Corday à Barbaroux : « ... Quant à la lettre à Barbaroux, nous avons crû devoir en donner un fac-similé complet, quelle que soit l'étendue de ce morceau. L'écriture s'accorde avec le style pour montrer avec quelle fermeté Mlle de Corday attendit l'heure du supplice. On chercherait vainement une rature, une hésitation, dans ces huit pages écrites au courant de la plume. La main ne tremblait pas plus que le cœur. Ici l'écriture matérielle devient un trait du caractère et de la physionomie morale. C'est pour faciliter à chacun cette étude que nous avons reproduit intégralement l'écrit qui fut en quelque sorte le testament de Charlotte Corday.

« Ce fac-similé a été exécuté, avec l'autorisation et sur la désignation de M. le Comte Delaborde, Directeur Général des Archives, par M. Pilinski, artiste connu par ses merveilleuses reproductions de manuscrits, missels anciens, gravures, etc... L'application de ce procédé à l'écriture donne des résultats d'une exactitude absolue. C'est ce qui nous a encouragé à faire suivre la lettre à Barbaroux d'un grand nombre de fac-similés, qui accompagneront les autres parties de notre publication. »

Armorial de Gilles le Bouvier dit Berry, premier roi d'Armes de Charles VII, roi de France. Par M. Valet de Viriville. — Chez Bachelin Deflorenne. Paris 1866. — Extrait concernant la reproduction des planches xylographiques des *Neuf Preux*, qui ont été jointes à cet armorial: « ... Le livre de Berry est aujourd'hui placé dans la réserve (Bibliothèque Nationale). Cet ouvrage est une curiosité bibliographique déjà fort altérée dans sa substance, et qui peut périr (plusieurs feuillets en ont été enlevés depuis longtemps). Une reproduction complète, en fac-similé, de toutes les figures ou blasons, serait très intéressante pour les érudits et les curieux. Mais elle ne trouvera sans doute jamais d'éditeur. Puisse le défi que je porte ici publiquement m'attirer la défaite d'un démenti (qui deviendrait pour nous une victoire !)

« Une partie de ce vœu est déjà remplie; grâce à l'excellent procédé de M. Piliński, artiste lithographe. Nous avons sous les yeux plusieurs exemplaires du fac-similé exécuté par M. Pilinski, inventeur d'un procédé qui conservera son nom. L'édition de ce tirage a été faite pour servir et sert à l'enseignement de l'École des Chartes. »

Études paléographiques et historiques sur des papyrus du sixième siècle, en partie inédits renfermant des homélies de Saint-Avit et des écrits de Saint-Augustin. Par MM. Léopold Delisle, de l'Institut de France (aujourd'hui Administrateur général de la Bibliothèque Nationale), Albert Rillet, ancien professeur à l'Académie de Genève, et Henri Bordier, Membre du Conseil de la Société de l'Histoire de France. — (Genève et Bâle H. Georg., libraire. 1866.) —

Extrait de la préface : « ... On a pensé qu'il y aurait quelque avantage et quelque intérêt à rassembler ces diverses études qui sont éparses dans des volumes différents des mémoires édités par la Société d'Histoire et d'Archéologie de Genève, avec le consentement de laquelle on les publie ici sous cette nouvelle forme. On y a joint le fac-similé intégral du texte de la grande homélie de Saint-Avit et celui des deux fragments des sermons de Saint-Augustin ; ces fac-similés ne se trouvent pas dans les mémoires susdits, et ils forment, grâce à l'habileté de M. Piliński, une des productions les plus parfaites de la calligraphie imitative. »

Recherches sur Jean Grollier, grand trésorier de France (XVIe siècle) sur sa vie et sa bibliothèque. Par M. Le Roux de Lincy, secrétaire de la Société des bibliophiles français. — Chez L. Potier, libraire. — Paris 1866.) — Manuscrits, reliures, jetons. — Extrait de l'introduction : « ... Les fac-similés qui décorent ce volume ont principalement pour but de rendre juges les lecteurs de la richesse et de l'élégance des reliures de Grollier, surtout quand le temps et les avaries qu'il cause n'avaient pas altéré cet ensemble harmonieux de l'or et des couleurs. M. Piliński, bien connu déjà pour son habileté en ce genre de travail, s'est appliqué à reproduire avec tout l'éclat que ces reliures devaient avoir en leur nouveauté, les trois modèles que j'ai choisis, de concert avec M. Potier, mon éditeur. Deux de ces volumes font partie de la Bibliothèque Impériale ; le troisième appartient à la Bibliothèque de l'Arsenal, etc... Enfin, sur le titre même on peut voir la reproduction d'un jeton d'argent, que le trésorier de France a fait frapper, en 1550, afin de perpétuer la mémoire d'un des actes de son administration, *la réunion du domaine à la Couronne*, acte important et dont probablement l'heureux résultat était dû à son zèle actif et éclairé. Un exemplaire de ce jeton m'avait été communiqué par le Président de la Société des Bibliophiles français, mon ami le baron Jérôme Pichon ; il en existe un second exemplaire au Cabinet des médailles de la Bibliothèque Impériale : le conservateur de ce cabinet M. Chabouillet, mon confrère du Comité des monuments historiques (section d'Archéologie), a bien voulu le mettre à ma disposition ; je me suis empressé de le faire reproduire, toujours par M. Piliński.

« En tête des pièces justificatives se trouve le fac-similé d'une quittance écrite et signée de la main de Jean Grollier. »

Charte d'Agius, Évêque d'Orléans au neuvième siècle. Étude archéologique et historique sur l'ancienne chapelle de Saint-Aignan (Église Notre-Dame du Chemin). — Par M. Boucher de Molandon, Président de la Société Archéologique de l'Orléanais, etc. (Orléans, imprimerie de Georges Jacob, 1868). — Extrait : « ... Cette charte précieuse, signée de l'Évêque, du Doyen et de vingt-huit chanoines, prêtres ou notables personnages, était soigneusement conservée dans le trésor de l'église comme un titre authentique de ses antiques fondations, ainsi que de ses privilèges et immunités canoniques.

« En 1865, la Société Impériale des Antiquaires de France

eut sous les yeux l'original de ce beau monument Carolingien ; appréciant sa valeur, elle arrêta, du consentement du détenteur actuel, M. Vergnaud Romagnési, associé correspondant de cette Compagnie, d'en publier de nouveau le texte et d'y joindre de plus un fac-similé complet et fidèle.

« Dès que j'eus connaissance de cette publication, je fus frappé à mon tour de l'intérêt que pouvait avoir pour le diocèse et la ville d'Orléans ce diplôme d'Agius, le plus ancien monument écrit de notre chancellerie épiscopale.

« Au nom de la Société Archéologique de l'Orléanais, je sollicitai en conséquence de la Société des Antiquaires de France, par l'intermédiaire de son savant Président, M. Anatole Barthélemy, l'autorisation de faire un nouveau tirage du fac-similé de ce diplôme.

« Cette éminente Compagnie, ainsi que le Conseil d'Administration de l'École des Chartes, qui s'était joint à elle pour la publication, accueillirent ma demande avec une bienveillance et un désintéressement dont je ne saurais assez les remercier, et mirent à mon entière disposition la planche lithographique due au talent de M. Pilinski.

« Un de nos plus savants paléographes, M. Henri Bordier, membre titulaire de la Société Impériale des Antiquaires de France, voulut bien y joindre l'offre si précieuse de son dévoué concours ; et c'est ainsi que je puis offrir aujourd'hui à nos lecteurs la complète reproduction de ce curieux document. » — Cette charte mesure $0^{m}60$ en hauteur sur $0^{m}44$ en largeur.

Lettres inédites de Marie Antoinette et de Marie Clotilde de France. Publiées et annotées par le Comte de Reiset. Fac-similés par Ad. Piliński. — Librairie Firmin Didot, 1876. — Extrait : « ... Nous donnons ici le fac-similé de ce pauvre petit billet de l'infortunée reine à de Rougeville. C'est l'exacte reproduction de l'original encore attaché aux liasses de cette enquête. (Il nous a été communiqué par le savant et excellent M. E. Dupont, chef du Secrétariat des Archives Nationales, qui a été, en toute occasion, si obligeant pour nous). Nos lecteurs, nous en sommes persuadé, le verront avec un bien grand intérêt. En effet, lorsqu'on pense à toutes les horribles souffrances de la reine, ce bout de papier glace le cœur ! On y aperçoit encore les coups de ciseaux de la prisonnière, les marques de l'épingle au moyen desquelles, par un ingénieux procédé, l'habile paléographe, M. Piliński est parvenu à déchiffrer ce document historique ».

Étude sur Jean Cousin (*), *suivie de notices sur Jean Leclerc et Pierre Woeiriot*. Par Ambroise Firmin Didot. — Paris. Librairie A. F. Didot, 1872. — Extrait du chapitre concernant la gravure sur bois : «... On reconnaît le dessin de Jean Cousin dans un grand nombre de fleurons servant plus particulièrement de marques aux imprimeurs, tels que, Denis Janot, Étienne Groulleau, Jérôme de Marnef, Jacques Kerver, et autres imprimeurs de Paris, qui en ornaient le titre de leurs livres pour les mieux recommander au public. Par la reproduction que je donnerai, de plusieurs de ces marques on verra que le talent de Jean Cousin s'y laisse voir comme dans ses autres compositions que j'ai fait graver sur bois.

« Mais, malgré le talent des artistes qui se sont appliqués à copier exactement les modèles, j'ai reconnu que le report immédiat des originaux par les procédés de l'héliogravure ou ceux de M. Piliński, bien qu'inférieur à certains égards aux gravures originales, est préférable, par sa parfaite exactitude, à des copies faites sur bois. Le graveur, en effet, quelque habile qu'il soit, ne peut, en faisant une copie, rendre identiquement l'original ; son travail sera peut-être plus séduisant, mais toujours un peu aux dépens de la vérité : ce n'est plus l'œuvre du maître.

« Au moyen de l'héliogravure et du procédé de M. Piliński le doute n'est plus possible. C'est l'objet lui-même qui se reproduit avec ses qualités et ses défauts ; or, cette certitude, surtout pour les artistes, est bien préférable à une représentation plus ou moins interprétée ou plus ou moins *enjolivée*. C'est donc à ces procédés que j'ai préféré recourir. »

Le Cardinal de Retz. Par M. Chantelauze. — Paris. Librairie académique Didier et Cie. — Extrait : « Les fac-similés de l'écriture de Retz et de celle de Guy Joly sont l'œuvre de M. Piliński, dont les travaux en ce genre sont si appréciés. »

* Célèbre peintre, dessinateur et graveur français du XVIe siècle (1501-1590).

Terminons en ajoutant à ces unanimes appréciations d'estime ces quelques vers de M. Garapon, le savant et regretté antiquaire d'Orléans.

A M. ADAM PILINSKI

HOMMAGE D'ADMIRATION

A vous, cher Pilinski, le sceptre d'un savoir
Que n'ont jamais connu ni Rome, ni la Grèce ;
Vous, dont le beau talent s'imposa le devoir
De rendre à l'art vieilli la fleur de sa jeunesse !

Artiste ingénieux, par vous on a l'espoir
Que rien de ce qui fut jamais ne disparaisse;
Oh ! si je disposais un seul jour du pouvoir,
L'étoile de l'honneur irait à votre adresse.

L'homme qui perpétue un passé qu'on voit fuir,
Des lointains horizons éclairant l'avenir,
Rend de l'humanité l'existence infinie ;

Et l'indolent qui vit sans souci, mange et dort,
Au joug de la mollesse abandonnant son sort,
Meurt sans avoir connu les beautés de la vie.

Soyez fier, Pilinski ! grâce à votre talent,
On verra triompher des injures du temps
Les chefs-d'œuvre des arts dont notre France abonde ;

L'esprit et le bon goût de nos savants aïeux
Iront grossir la dot de nos futurs neveux,
Et votre nom vivra tant que vivra le monde !

IV

APPENDICE (1)

dam Piliński vint en France avec ses frères Constantin et André dont il était l'aîné, tous trois ayant servi dans l'armée polonaise comme officiers.

Constantin suivit les cours de l'École d'agriculture de Grignon, sous la direction de M. Béla qui en était le fondateur, et devint un agronome distingué. Plus tard, il réorganisa avec MM. de Gourcuff et de Saint-Germain les statuts et les polices de la Société d'Assurances Générales contre l'incendie, à laquelle on adjoignit, sur ses données, la section d'Assurances contre la grêle, dont il devint Inspecteur général. Constantin mourut en 1877.

André étudia la mécanique à Decazeville et entra au Chemin de fer de Versailles, lors de la création de cette ligne. En 1850, étant mécanicien de première classe au Chemin de fer du Nord, il fit preuve dans une grave circonstance d'une rare présence d'esprit et d'une grande résolution. Dirigeant une machine qui, lancée à une vitesse de cinquante kilomètres à l'heure, emportait à sa suite un train de voyageurs, il aperçut, engagée en travers de la voie, à une distance moindre de cinq cents mètres, une voiture meulière chargée de pierres de taille à laquelle un garde barrière imprudent avait livré passage quelques minutes avant l'arrivée du train. Ne pouvant parvenir à faire avancer sa voiture dont les roues s'étaient engrenées sur les rails, le charretier, entendant au loin le sifflet de la locomotive, s'affola et, au lieu de faire tenter un suprême effort à ses chevaux pour se dégager, se contenta de décrocher les quatre premiers, abandonnant ainsi le timonier avec la voiture en détresse. Cependant le train arrive avec sa vitesse vertigineuse, grondant et sifflant. A peine André a-t-il aperçu l'obstacle que, résolument et sans hésiter, il donne à sa machine toute la force de traction et de propulsion dont elle est capable. Lancée à toute vapeur, et au risque d'éclater, celle-ci décuplant sa vitesse fond avec la rapidité de la foudre sur la voiture et son chargement de grandes pierres, les heurte de sa poitrine de fer et passant au travers, dans un formidable broiement, pulvérise le tout. Le mouvement avait été tel, que la locomotive n'eut pas le temps de dérailler et que, bien que fortement avariée par le choc, elle put continuer triomphalement sa route. André Piliński mourut en 1875, au moment où il allait prendre sa retraite.

(2) *Cuauhamacatl.* — Calendrier Mexicain Aztèque, sur une sorte de papier de bois appelé Cuauhamacatl, très semblable à notre carton, quoique plus souple et plus lisse, de couleur brune ou blanc grisâtre, provenant de l'*Anacahuité* arbre de la famille des borraginées. Cet antique et curieux document se compose de vingt tableaux enduits d'une sorte de gomme ou vernis, se repliant sur eux-mêmes mesurant 0m 28 de large sur 0m 24 de haut, et sur lesquels sont peints des signes idéographiques et hiéroglyfiques représentant les mois et les jours.

Cette reproduction, exécutée en 1857 d'après l'original communiqué par M. Aubin, a été imprimée à la lithographie de l'Institut Impérial des sourds-muets, sous la direction de M. Jules Desportes.

Citons aussi, comme ayant été exécuté à peu près à la même époque, un remarquable travail. Il s'agit d'une carte avec teintes, du nord de l'Italie, dressée pour suivre les opérations de la guerre en 1859 et publiée par M. Vilain. Cette carte de grand format, dessinée au crayon lithographique, où le relief des montagnes et la position des villes sont indiqués par une sorte de petits paysages topographiques, est la première qui ait été conçue et exécutée dans cette manière. Ce genre de travail, qui donne la caractéristique du talent interprétatif d'Ad. Piliński et en démontre les ressources variées, a été depuis très souvent adopté et imité pour les cartes géographiques descriptives.

(3) Le regretté peintre Louis Devedeux, né à Clermont-Ferrand, était lié d'amitié avec Ad. Piliński, dont il a fait un portrait. Il fut une des gloires artistiques de l'Auvergne. Aussi habile dessinateur que hardi coloriste, il excellait, comme Diaz, Decamps, Delacroix, à représenter les sujets orientaux, et comme chez ces illustres peintres, l'imagination chez lui était secondée par le plus grand talent. Une œuvre de sa jeunesse, *le Général Desaix en Égypte*, portrait qu'on regrette de n'avoir pas vu figurer parmi ceux des généraux et des maréchaux à l'Exposition du Centenaire en 1889, orne le musée de Clermont-Ferrand. Devedeux décora de ses peintures la salle de l'ancien théâtre de cette ville. Son tableau : *Sir Walter Raleigh et la reine Élisabeth*,

acquis par l'État, se trouve dans un des salons du Palais de l'Élysée.

(4) Antoine Oleszczyński a été élevé, ainsi qu'Adam Piliński, dont il était l'intime ami, à l'Institut créé par le prince Adam Czartoryski, à Puławy; et l'on peut dire que ces deux artistes durent une partie de leur talent à cette première éducation, car tous deux s'inspirèrent des œuvres d'art et des souvenirs historiques de la Pologne que le prince avait réunis dans son château surnommé le nouveau Panthéon historique polonais et dans son musée du temple de la Sibylle. (Lire la description du château et du temple de la Sibylle de Pulawy, par Charles Forster, dans son livre sur la Pologne (1840, *L'Univers*, collection Firmin Didot); lire également la description du parc de Puławy dans le poëme « *Les Jardins* » (1782), de Delille). Antoine Oleszczyński illustra de son burin les hommes et les faitsde son pays. Parmi ses œuvres les plus remarquables on cite : le portrait de Jean III Sobieski, dédié à son historien M. N. A. de Salvandy, les portraits de Jean et André Zamoyski, Mathieu Wodziński, Adam Mickiewicz sur son lit de mort, etc. Mettant à profit sa grande érudition, il entourait les sujets qu'il gravait de nombreux textes explicatifs, qui, faisant en quelque sorte corps avec le dessin, sont autant de documents conservés à l'histoire. Comme Joachim Lelewel, son illustre compatriote, qui était, en même temps que savant historien, très habile graveur, géographe et numismate, il recherchait et collectionnait tout ce qui avait trait à son pays ou pouvait l'intéresser. Décédé en 1879, à l'âge de quatre-vingt-six ans, Antoine Oleszczyński a laissé une intéressante collection d'œuvres d'art concernant la Pologne.

(5) Wladyslas-le-blanc, de la famille des piasts, neveu germain de Kazimir-le-Grand et prétendant légitime à la couronne de Pologne. Il mourut en 1388. (Voir l'*Histoire de Pologne* de Joachim Lelewel, tome 1er.p. 87, et celle de Charles Forster. p. 77.)

(6) A titre d'exemple, il nous paraît intéressant de citer l'anecdote suivante.M. James Lennox, le célèbre bibliophile de New-York, venait de faire l'achat d'un livre ancien contenant un feuillet refait par A. Piliński. Il s'en retournait en Amérique, rapportant l'ouvrage destiné à enrichir sa bibliothèque, lorsque, pendant la traversée, il eut l'occasion de le montrer à plusieurs personnes dont quelques unes se trouvèrent compétentes en matière de livres. Il les prévint qu'un des feuillets avait eté refait, et les mit au défi de le décou-

vrir. Le défi fut relevé. Un pari même assez important s'engagea entre le possesseur du livre et les connaisseurs. Le volume fut livré aux investigations de ces derniers ; chacun le prit, l'examina feuille à feuille, compara minutieusement ses pages, s'arrêtant à chaque ligne, à chaque mot, à chaque lettre, s'ingéniant à découvrir un indice, une particularité, soit dans le papier, soit dans l'impression, ne négligeant rien pour arriver à la connaissance désirée. Peu à peu, à la suite de discussions minutieuses et serrées, chacun se prévalant de son examen ainsi que de son savoir et croyant pouvoir s'écrier triomphant « Eurêka, » j'ai trouvé, des opinions se formèrent ; quelques-uns même égarèrent leur certitude sur des feuillets indiscutablement authentiques. Mais le doute planait au milieu de ces divergences, et le volume, après avoir vu son feuillet fac-similisé manié et remanié avec les autres, revint à son propriétaire. Les chercheurs le lui remirent s'avouant vaincus et reconnaissant la perte de leur pari. Mais une surprise était réservée aux deux parties : lorsque M. James Lennox fut mis en demeure de satisfaire la curiosité de l'assistance, il se vit obligé de chercher lui-même le feuillet dont il avait oublié la place dans le volume ; et il dut feuilleter à son tour, et cela sans plus de succès que ses adversaires. Il eut du moins, comme beaucoup d'autres, cette consolation : c'est que, plus d'une fois, il arriva à l'auteur même de ces merveilleuses reproductions d'être mis en présence de volumes depuis longtemps complétés par lui, et de ne pouvoir y reconnaître, tellement son imitation avait été parfaite, les pages, les estampes, ou les textes reproduits par ses procédés.

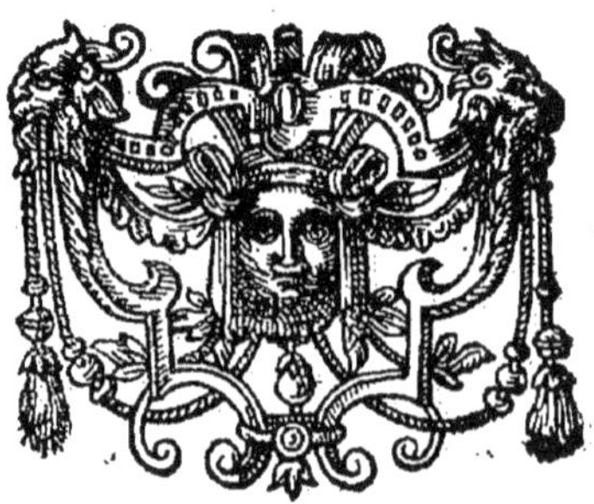

TABLE DES MATIÈRES

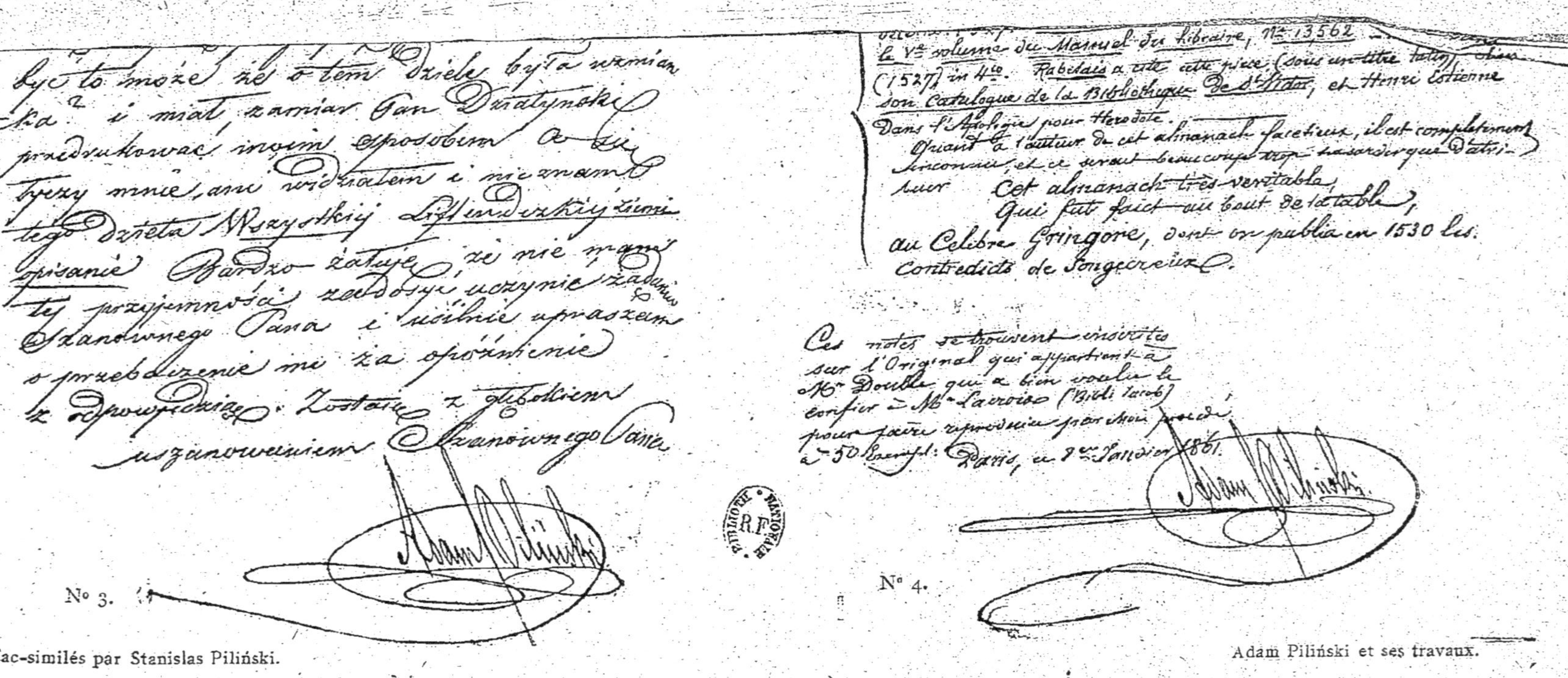

być to może że o tem dziele była wzmian-
-ka i miał zamiar Pan Działyński
przedrukować swoim sposobem a że
przy mnie, ani widziałem i nie znam
tego dzieła Wszystkiej Literackiej ziemi
opisanie. Bardzo żałuję, że nie mam
tej przyjemności, że dosyć uczynię żądaniu
Szanownego Pana i usilnie upraszam
o przebaczenie mi za opóźnienie
z odpowiedzią. Zostaję z głębokiem
uszanowaniem Szanownego Pana
Adam Piliński

N° 3.

le Ve volume du Manuel du libraire, N° 13562
(1527) in 4to. Rabelais a cité cette pièce (sous un titre latin) dans
son Catalogue de la Bibliothèque de St Victor, et Henri Estienne
Dans l'Apologie pour Herodote.
Quant à l'auteur de cet almanach facetieux, il est complètement
inconnu, et ce serait beaucoup trop hasardeux de l'attribuer Cet almanach très veritable,
Qui fut faict au bout de la table,
au Celebre Gringore, dont on publia en 1530 les
Contredicts de Songecreux.

Ces notes se trouvent inscrites
sur l'Original qui appartient à
Mr Double qui a bien voulu le
confier à Mr Lacroix (Bibli Jacob)
pour faire reproduire par mon procédé
à 50 Exempl. Paris, le 8 Janvier 1861.
Adam Piliński

N° 4.

Fac-similés par Stanislas Piliński.

FAC-SIMILÉS

(**Nota**). *Les deux premiers numéros sont la reproduction par A. Piliński, d'extraits d'ouvrages héraldiques concernant les armoiries de sa famille, il y a joint des observations indiquant la provenance de ces ouvrages.*

N° 1. Armorial manuscrit d'A. W. Kojalowicz (1658). — Voir, page 25.

N° 2. Armorial de B. Paprocki (1584). — Voir, page 32.

N° 3. Lettre écrite en langue polonaise et datant de 1875, où il est question des publications du comte Dzialyński. — Voir, page 26.

N° 4. Renseignements bibliographiques.

N° 1.

Strońnica 256.

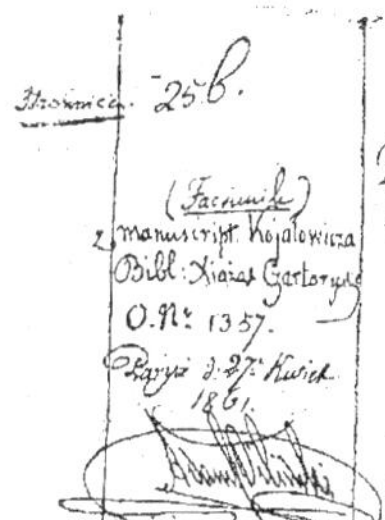

Pylinski in Palat. Plocen. arma earum sunt eiusmodi
Eustachy Pylinski in Ar. Brv.

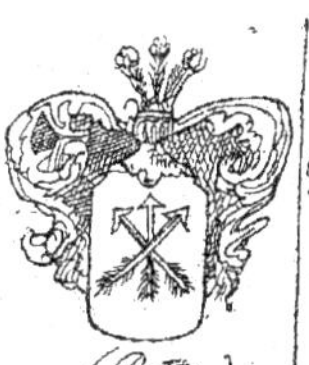

Pylinski

(Bethy.)

O kleynocie Bethy / ktory tu przynieśion do Polski z Morawy / mája być Biatte w polu Czerwonym / ktorego właśność obaczywszy / czytáć bedźieß o Przodkách y potomstwieich / ktore ia w ták ßerokim Krolestwie znáć y wiedźieć o nim mogę.

Aczę v nas tu w Polßcze dawno potomstwo Herbu tego iest znáczne y záslużone R. P. ále prze niedbáłość Historykow zániedbáne y niewspomináne áż po ten czás było.

Wyjątek z dzieła Herby Rycerstwa Polskiego na pięcioro Xiąg rozdzielone przez Bartosza Paprockiego w Krakowie roku 1584.

Stronnica 568.

Bibl. natio. w Paryżu M. 1176. 1875 glst.

Szanowny Panie

Pile przypominam sobie przed dwudziestu kilku [illegible] czasu kiedy Pan Hrabia Tytus Działyński powierzył mi przedrukowanie książki pod tytułem Ustawy Prawa Polskiego najpotrzebniejsze / krotko z Łacińskich wybrane, na Polski język dla wszelkiego Człowieka prostego, a prawa wiedzieć potrzebującego przełożone. T. P. Roku pańskiego 1563. ... z przedstawienia pracy mojej pan Hrabia Działyński był zadowolniony, i mogę zaświadczyć że mi nie powierzył pewnej pracy. ... która brzydka fotografia przerobiono być to może że z tem dziełe była zmiana ... i miał zamiar Pan Działyński przedrukować innym sposobem ... mnie, ani widziałem i nie znam tego dzieła Wszystkiej Liftwendztky[illegible] pisanie. Bardzo żałuję, że nie mam tej przyjemności zadosyć uczynić żądaniu Szanownego Pana i usilnie upraszam o przebaczenie mi za opóźnienie z odpowiedzią. Zostaję z głębokiem uszanowaniem Szanownego Pana

Adam Piliński

N° 3.

La prenostication de maistre Albert songecreux biscain.

Vente Solar 280 fr.

Volume d'une excessive rareté, attribué à Gringore (voir le Bulletin du Bibliophile) et dont on ne connait pas d'autre exemplaire dans les bibliothèques.

Vente Solar n° 1121 LA PRONOSTICATION DE MAISTRE ALBERT SONGECREUX, biskain. S. l. n. d., pet. in 4, goth. de 4 ff. à 2 col. de 46 lignes, fig. sur bois, m. vert, large bordure à 4 doubles filets. Tr. ...... (Rel. BAUZONNET.)

Superbe exemplaire d'une plaquette [illegible] en vers français de 8 syllabes. Notre exemplaire [illegible] unique, est celui de La Vallière qui a appartenu en dernier lieu à M. Armand Bertin. Il porte sur le titre cette note manuscrite, du XVII siècle, Prognostication [illegible] decemb. 1527. M. Brunet a cru devoir adopter cette date dans le V volume du Manuel du Libraire, N° 13562 — Pronostication... (1527) in 4°. Rabelais a cité cette pièce, (sous un titre [illegible]) dans son Catalogue de la Bibliothèque de St Victor, et Henri Estienne dans l'Apologie pour Hérodote.

Quant à l'auteur de cet almanach facétieux, il est complètement inconnu, et ce serait beaucoup trop hasarder que l'attribuer Cet almanach très véritable, Qui fut faict au bout de la table, au Célèbre Gringore, dont on publia en 1530 les Contredicts de Songecreux.

Ces notes se trouvent inscrites sur l'Original qui appartient à Mr Double qui a bien voulu le confier à Mr Lacroix (Bibl. [illegible]) pour faire reproduire par moi pour à 50 Exempl: Paris, le 1er Janvier 1861.

Adam Piliński

N° 4.

www.ingramcontent.com/pod-product-compliance
Lightning Source LLC
LaVergne TN
LVHW050543100826
845148LV00002B/662

* 9 7 8 2 0 1 2 5 2 1 9 4 0 *